PEDAGOGIA EMPRESARIAL

Dados Internacionais de Catalogação na Publicação (CIP)

C395p Marques de Carvalho, Juliana.

Pedagogia empresarial I / Juliana Marques de Carvalho e Carolina Modena da Silva. – São Paulo, SP : Cengage Learning, 2016.

Inclui bibliografia.

ISBN 978-85-221-2919-5

1. Pedagogia empresarial. 2. Pedagogos - Empresas. 3. Gestão do conhecimento. 4. Empresas - Pessoal - Treinamento. 5. Dinâmica de grupo. I. Título.

CDU 658:37.013
CDD 658.3124

Índice para catálogo sistemático:

1. Pedagogia empresarial 658:37.013

(Bibliotecária responsável: Sabrina Leal Araujo – CRB 10/1507)

PEDAGOGIA EMPRESARIAL

CENGAGE

Austrália • Brasil • México • Cingapura • Reino Unido • Estados Unidos

CENGAGE

Pedagogia Empresarial

Conteudistas:
Juliana Marques de Carvalho e
Carolina Modena da Silva

Gerente editorial: Noelma Brocanelli

Editoras de desenvolvimento:
Gisela Carnicelli, Regina Plascak,
Salete Del Guerra e
Viviane Akemi Uemura

Editora de aquisições:
Guacira Simonelli

Coordenadora de conteudistas:
Luciana Gomide Mariano Carmo

Produção editorial:
Fernanda Troeira Zuchini

Copidesque: Sirlene Sales

Revisão:
Irene Troeira Zuchini e
Renata Eanes Hägele

Diagramação e Capa:
Marcelo A.Ventura

Imagens usadas neste livro por ordem de páginas:
Pressmaster/ Shutterstock; Pressmaster/ Shutterstock; KreativKolors/ Shutterstock; Rawpixel.com/ Shutterstock; kurhan/ Shutterstock; liravega/ Shutterstock; gst/ Shutterstock; auremar/ Shutterstock; Goodluz/ Shutterstock; Cherries/ Shutterstock; Everett Historical/ Shutterstock; Mike Elliott/ Shutterstock; ScandinavianStock/ Shutterstock; art4all/ Shutterstock; CoraMax/ Shutterstock; Rawpixel/ Shutterstock; Aquir/ Shutterstock; TechnoVectors/ Shutterstock; My Life Graphic/ Shutterstock; VLADGRIN/ Shutterstock; Monkey Business Images/ Shutterstock; STILLFX/ Shutterstock; maxstockphoto/ Shutterstock; solarseven/ Shutterstock;

© 2016 Cengage Learning Edições Ltda.
Todos os direitos reservados.

ISBN 13: 978-85-221-2919-5
ISBN 10: 85-221-2919-3

Cengage Learning Edições Ltda.
Condomínio E-Business Park
Rua Werner Siemens, 111 - Prédio 11
Torre A - Conjunto 12
Lapa de Baixo - CEP 05069-900 - São Paulo - SP
Tel.: (11) 3665-9900 Fax: 3665-9901
SAC: 0800 11 19 39

Para suas soluções de curso e aprendizado, visite
www.cengage.com.br

Impresso no Brasil
Printed in Brazil

Apresentação

Com o objetivo de atender às expectativas dos estudantes e leitores que veem o estudo como fonte inesgotável de conhecimento, esta **Série Educação** traz um conteúdo didático eficaz e de qualidade, dentro de uma roupagem criativa e arrojada, direcionado aos anseios de quem busca informação e conhecimento com o dinamismo dos dias atuais.

Em cada título da série, é possível encontrar a abordagem de temas de forma abrangente, associada a uma leitura agradável e organizada, visando facilitar o aprendizado e a memorização de cada assunto. A linguagem dialógica aproxima o estudante dos temas explorados, promovendo a interação com os assuntos tratados.

As obras são estruturadas em quatro unidades, divididas em capítulos, e neles o leitor terá acesso a recursos de aprendizagem como os tópicos *Atenção*, que o alertará sobre a importância do assunto abordado, e o *Para saber mais*, com dicas interessantíssimas de leitura complementar e curiosidades incríveis, que aprofundarão os temas abordados, além de recursos ilustrativos, que permitirão a associação de cada ponto a ser estudado.

Esperamos que você encontre nesta série a materialização de um desejo: o alcance do conhecimento de maneira objetiva, agradável, didática e eficaz.

Boa leitura!

Prefácio

Engana-se aquele que imagina ser a profissão do pedagogo aquela limitada a ministrar aulas dentro das fases do processo educacional regular.

Cada vez mais as empresas vêm exigindo a presença de uma figura peculiar e importante dentro das suas estruturas. Isso mesmo! Estamos falando do pedagogo.

Aqui, especificamente designado como "pedagogo empresarial", o indivíduo executa as suas funções sem perder, no entanto, a essência do seu mister.

Nas escolas, o professor, que é aquele que exerce a função pedagógica, tem por dever moldar e polir o sujeito que, mais tarde, integrará a sociedade como partícipe desta.

Nas empresas, o pedagogo tem por objetivo preservar o patrimônio mais valioso que uma empresa possui: os colaboradores.

As quatro Unidades desta disciplina pretendem levar para o leitor esse viés diferenciado da profissão, abordando temas como: a pedagogia e empresa e os atributos e responsabilidade do pedagogo empresarial e a visão educativa do Trabalho (Unidade 1); a importância da pedagogia empresarial (Unidade 2); o cenário empresarial para o século XXI; a Educação Corporativa e a Educação pelo trabalho (Unidade 3); a pedagogia empresarial e a importância da valorização humana na empresa e o pedagogo empresarial e a importância da dinâmica de grupo e treinamento nas organizações (Unidade 4).

Este material é um convite ao conhecimento e aprendizado de uma nova forma do exercício da atividade pedagógica.

UNIDADE 1

A PEDAGOGIA

1. O curso de pedagogia

A Pedagogia é ciência que estuda a educação. A partir de sua observação e reflexão, conceitos que se convertem em teorias pedagógicas são gerados. O seu objeto de estudo é o fato educativo, a partir do qual são coletadas informações que nos permitem entender como ele ocorre, analisando e interpretando, ao mesmo tempo, a realidade social. A Pedagogia tem, ainda, a incumbência de estudar as teorias educacionais que mostram como as crianças, os adolescentes e os adultos aprendem, além de como funcionam os sistemas de gestão administrativa.

O curso de pedagogia passou por várias modificações no decorrer dos anos. Antes de falarmos especificamente sobre a pedagogia empresarial, vale a pena retomar algumas transformações deste curso ao longo do tempo, o que permitiu com que os pedagogos expandissem a sua área de atuação para outras áreas não necessariamente ligadas à educação, como era de costume.

Atualmente, as práticas educativas estão presentes nas mais variadas instâncias da vida social e, portanto, não estão restritas somente à escola. Por esta razão, a área de atuação do profissional de pedagogia é tão vasta quanto as práticas educativas existentes na sociedade.

ATENÇÃO! Em todo lugar onde houver prática educativa com caráter intencional, haverá uma atuação da pedagogia.

As legislações específicas do curso de Pedagogia tiveram início em 1939, primeiramente definindo a formação do pedagogo como técnico em educação. Após três anos de estudos, era recebido o título de bacharel em pedagogia. Com mais um ano, formava-se professor para ensinar em escolas normais.

ATENÇÃO! Neste período, o principal objetivo do curso de pedagogia era formar um profissional apto e qualificado para atuar na administração pública da educação.

Em 1962, essa legislação foi mudada, sendo estabelecido que o curso de pedagogia formaria especialistas em educação e os professores para os cursos normais.

Em 1969, já no contexto da Ditadura Militar, foi estabelecido que o curso de Pedagogia formaria profissionais não docentes para exercerem algumas atividades, dentre as quais, a inspeção, a supervisão, a orientação ou a direção escolar.

PARA SABER MAIS! Para saber mais sobre estas mudanças, você pode consultar a lei de reforma universitária n°5.540/68, no seu artigo 30, que reconheceu a competência para habilitação em pedagogia.

Foi fixado o conteúdo mínimo e a duração dos cursos de pedagogia.

Em 1980, começou o questionamento da legislação anterior e, entre as críticas, estava a fragmentação do trabalho pedagógico, reflexo da divisão técnica do trabalho na escola. Este período foi fundamental para a busca da identidade do curso de pedagogia, ocorrendo a **organização** de várias entidades que tinham como objetivo promover o estatuto **epistemológico** do curso. Dentre as entidades temos a **CONARCFE**, formada em 1983 com o intuito de observar as reformulações dos cursos de licenciatura. Anos mais tarde, em 1994, esta entidade deu origem à **ANFOPE**, responsável por desenvolver pesquisas, estudos e debates sobre a formação dos profissionais da educação e a sua valorização.

PARA SABER MAIS! Se você quiser saber um pouco mais sobre esta entidade, consulte o site <http://anfope.com.br>. Acesso em: 18 jun. 2015.

Os anos 90 trouxeram fatores que influenciaram profundamente os rumos da educação, refletindo diretamente no curso de Pedagogia. Assim, ocorreram ajustes nos sistemas educacionais com vistas a acompanhar o novo contexto político e econômico internacional.

Na economia, observamos o avanço do **neoliberalismo**, que contribuiu não só para mudanças educacionais, mas também para modificações na formação dos pedagogos. No Brasil, as políticas educacionais passaram a ser subordinadas ao capital financeiro, visto que o governo nacional assumiu novas demandas, todas para estarem de acordo com os organismos financeiros internacionais. Observe que há uma adaptação do sistema de ensino, ou seja, o conceito de formação humana básica foi substituído pelo desenvolvimento de competências individuais para o mercado.

ATENÇÃO! Note que neste período há uma tendência de enxergar a educação como uma necessidade para o desenvolvimento de qualquer país.

Neste período, as mudanças relacionadas à formação e condição dos profissionais docentes foram implantadas por meio da LDBEN, ou seja, Lei de Diretrizes e Bases da Educação Nacional, de 1996. O artigo 4° da referida Lei determinava que o curso de Licenciatura em Pedagogia destinava-se à formação de professores com a finalidade de exercer funções de magistério na educação infantil e nos anos iniciais do ensino fundamental, nos cursos de ensino médio, tanto na modalidade normal como profissional, na área de serviço e apoio escolar e em outras áreas nas quais sejam previstos os conhecimentos pedagógicos (BRASIL, 1996).

Ainda nesta mesma Lei, no "Título IV", denominado de "Profissionais da Educação", ressalta-se que alguns fundamentos deverão ser seguidos durante a formação dos profissionais da educação, de forma a atender aos objetivos dos diferentes níveis e modalidades de ensino e às características de cada fase do desenvolvimento do educando, invocando a necessidade da associação entre teoria e prática, inclusive mediante a capacitação em serviço, assim como o aproveitamento da formação e experiências anteriores em instituições de ensino e outras atividades. Apresenta como necessidade para se promover o conhecimento por parte do corpo de ensino da educação básica a formação de docentes através de nível superior, em curso de licenciatura.

PARA SABER MAIS! A Lei de Diretrizes e Bases da Educação Nacional pode ser conhecida na íntegra através do site <www.planalto.gov.br/ccivil_03/leis/l9394.htm>. Acesso em 18.jun.2015.

Durante os anos 2000, os debates sobre a especificidade do curso de pedagogia e a área de atuação do pedagogo foram retomados. Em maio de 2006, definiram-se as diretrizes curriculares nacionais para o curso de pedagogia pela Resolução n.1 do **Conselho Nacional de Educação** (CNE). Nela, o papel do pedagogo ficou definido como um profissional que tem como base da sua formação a docência, capacitado, também, para atuar na gestão dos processos educativos escolares e não escolares, bem como na produção e difusão do conhecimento científico e tecnológico do campo educacional.

Ao instituir as diretrizes curriculares para o curso de pedagogia, a resolução define os princípios, condições de ensino e de aprendizagem e os procedimentos a serem observados no planejamento e na avaliação realizadas pelos órgãos dos sistemas de ensino e pelas instituições de educação superior no país. Vale a pena abordarmos alguns artigos que estão presentes nesta resolução, a fim de conhecê-los melhor.

No artigo 2°, há a definição das diretrizes curriculares para o curso de pedagogia, a aplicação da formação inicial para o exercício da docência na educação infantil e nos primeiros anos do ensino fundamental, cursos de ensino médio e outras áreas nas quais sejam previstos os conhecimentos pedagógicos (BRASIL, 2006).

ATENÇÃO! É importante observar a definição do significado de docência presente no primeiro parágrafo deste mesmo artigo da resolução, que informa se tratar de ação educativa e processo pedagógico metódico e intencional, construído em relações sociais, étnico-raciais e produtivas, influenciando conceitos, princípios e objetivos da pedagogia, desenvolvendo-se na articulação entre conhecimentos científicos e culturais, valores éticos e estéticos inerentes ao processo de aprendizagem e construção do conhecimento, no âmbito do diálogo entre diferentes visões de mundo.

De acordo com o parágrafo 2° do artigo 2°, o curso de pedagogia possibilitará o planejamento, execução e avaliação de atividades educativas; aplicação ao campo da educação das contribuições de conhecimento filosófico, histórico, antropológico, ambiental-ecológico, psicológico, sociológico, entre outros, permitindo ao estudante deste curso trabalhar com um repertório de informações e habilidades compostas por diferentes áreas do conhecimento teórico e prático.

No artigo 5° estão estabelecidas as competências e habilidades que o curso de pedagogia deve formar, dentre as quais:

- fortalecer o desenvolvimento e a aprendizagem de crianças do ensino fundamental, bem como daquelas que não tiveram oportunidade de escolarização na idade própria;
- trabalhar em espaços escolares e não escolares, na promoção da aprendizagem dos sujeitos em diferentes fases do desenvolvimento humano, em diversos níveis e modalidades do processo educativo;
- relacionar as linguagens dos meios de comunicação aplicadas à educação, nos processos didático-pedagógicos, demonstrando o domínio das tecnologias de informação e comunicação adequadas ao desenvolvimento de aprendizagens significativas;
- desenvolver trabalho em equipe, estabelecendo diálogo entre a área educacional e as demais áreas do conhecimento;
- participar da gestão das instituições contribuindo para elaboração, implementação, coordenação, acompanhamento e avaliação do projeto pedagógico; e
- participar da gestão das instituições planejando, executando, acompanhando e avaliando projetos e programas educacionais em ambiente escolares e não-escolares. (BRASIL, 2006)

PARA SABER MAIS! Aqui foram citados apenas alguns dos artigos que estão presentes na Resolução. Para conhecer a íntegra do documento, basta acessar o link <portal.mec.gov.br/cne/arquivos/pdf/rcp01_06.pdf >. Acesso em 18.jun.2015.

Observe que a atuação do pedagogo não está restrita somente ao ambiente escolar, mas há uma gama de oportunidades a ele abertas. As informações aqui apontadas nos permitem verificar alguns fatos que foram relevantes para a consolidação do curso de pedagogia,bem como as transformações pelas quais passou no decorrer dos anos.

Assim, em 1930, observa-se a exigência de maior escolarização por conta do mercado de trabalho que estava se formando, levando à reivindicação de mais escolas e à ampliação do ensino, culminando com a criação do curso de pedagogia, para que fossem preenchidos os cargos técnicos existentes no Ministério da

Educação (**MEC**). Desta forma, tinha-se o intuito de atender a demanda cada vez mais crescente de profissionais para exercerem atividades técnicas.

Na década de 1960, principalmente no período da ditadura militar, a fim de promover um melhoramento das capacidades do sistema educacional brasileiro, houve uma parceria entre o Ministério da Educação e Cultura e a agência norte-americana **USAID**, que resultou na assinatura de 12 acordos que tinham por finalidade apontar e solucionar problemas enfrentados pelo sistema de ensino brasileiro, sendo que, posteriormente, esses mesmos acordos foram utilizados como base na formulação de leis que promoveram uma reforma no ensino superior e secundário, nos anos de 1968 e 1971 (Leis nº 5.540 e nº 6.952).

PARA SABER MAIS! Caso queira conhecer mais esse contexto, sugerimos o acesso ao site <www.usaid.gov>. Acesso em 18.jun.2015.

Muitos educadores viam essas reformas como um "isolamento" da educação dos contextos social e político, já que, anteriormente, nos anos 50 e 60, o elemento cultura era visto como o fator transformador dos grupos sociais. Assim, acreditava-se que, com as reformas promovidas pelo acordo entre MEC-USAID, passava-se a difundir um ensino "tecnicista", desviando, portanto, do foco inicial pretendido pela formação educacional brasileira. Buscava-se, desta forma, formar profissionais para atuarem neste modelo de educação tecnicista adotado a partir deste convênio.

A década de 1980 representou o surgimento de movimentos que reivindicavam a reestruturação da educação no país. Baseando-se em ideais democráticos, a prerrogativa era estabelecer a identidade do curso de pedagogia.

Na década de 1990 as transformações ocorridas com o neoliberalismo e a globalização refletiram no campo educacional e também foram responsáveis por delinear até hoje o perfil do pedagogo, que precisa dar conta dos novos desafios, relacionados não só com o aumento da escolaridade obrigatória, mas também a ampliação de sua atuação para ambientes não escolares, principalmente em empresas. Assim, a pedagogia empresarial passa a adquirir importância num cenário em que se valoriza cada vez mais o conhecimento, levando as empresas a investir cada vez mais no capital humano, como veremos a seguir.

2. Pedagogia e empresa

Como observamos anteriormente na resolução do CNE, o curso de Pedagogia não habilita o profissional somente para trabalhar com o ensino de crianças ou adolescentes, ou ambiente escolar. Houve uma ampliação das possibilidades de exercício profissional do pedagogo, o que o permitiu começar a atuar em várias áreas, inclusive no campo empresarial.

Atualmente as empresas querem conciliar a administração com as relações humanas, estabelecendo uma integração maior entre empresários e empregados. Neste cenário, a busca no fortalecimento dessas relações abre possibilidade para a atuação de outros profissionais nas empresas, dentre eles o pedagogo.

A pedagogia tem enfoque no ser humano, reconhecendo nas pessoas a possibilidade de transformar a sociedade. O pedagogo amplia a sua visão de educação, estabelecendo um contato com as pessoas nos mais diversos contextos sociais. Transpondo para o mundo do trabalho, observamos que o conhecimento é indispensável, sendo fundamental a presença de um profissional que busque preparar o capital humano pertencente à empresa. Assim, temos a pedagogia empresarial como um ramo da pedagogia responsável pelo desenvolvimento dos profissionais como um diferencial da empresa (LOPES, 2011). Desta forma, está ligada às atividades que estimulam o desenvolvimento profissional e pessoal.

ATENÇÃO! O termo "pedagogia empresarial" foi utilizado pela pedagoga Maria Luiza Marins Holtz.

O pedagogo começou a ser chamado nas empresas no fim da década de 60.

Neste período, a educação tinha como principal função contribuir para a aceleração e desenvolvimento econômico, preparando mão de obra para as fábricas. As escolas não davam conta de formar os trabalhadores para que estes acompanhassem as transformações. Assim, como a escola não estava preparada para atender estas necessidades, outros mecanismos situados fora do ambiente formal de ensino passaram a ser procurados. Observamos aí um movimento, no qual a formação profissional passou a estar mais presente no local de trabalho seja por meio de treinamentos realizados na própria empresa ou através de outras instituições. As empresas começavam a oferecer para seus funcionários uma preparação interna, capacitando-os a ocupar determinadas funções, principalmente de liderança. Estes treinamentos são fundamentados na junção e potencialização do "saber fazer" e na "experiência em fazer".

A aquisição do conhecimento se constitui como um processo que não está mais centrado no dualismo teoria e prática. Há um novo rumo em que a relação entre trabalho e escolaridade adquire uma nova significação, assim a pedagogia foi alcançando espaço dentro de instituições não escolares.

Ainda na década de 1960 houve um incentivo fiscal por parte do governo para que as empresas capacitassem sua mão de obra, ou seja, os funcionários eram preparados dentro da própria indústria. Neste sentido, o pedagogo era o responsável por fazer o levantamento do que era preciso para realizar os treinamentos e atuava no planejamento, avaliação e condução de determinados processos de escolarização que ocorriam dentro das organizações.

Na década de 80 ocorreu uma diminuição considerável dos pedagogos nas empresas, pois o governo retirou os incentivos, o que reduziu também o número de treinamentos, ficando responsáveis somente um pedagogo e um psicólogo.

Na década de 90, no contexto da globalização, há uma alteração neste cenário, pois as empresas percebem que o seu sucesso não está restrito somente à força física do trabalhador, mas sim à sua capacidade inventiva e dedutiva, ou seja, buscam-se profissionais com a facilidade de aprender e aplicar o que foi aprendido. Assim, o pedagogo passa novamente a ser requisitado no ambiente empresarial.

As empresas encaram o constante desafio de criar as condições para que o desenvolvimento e aperfeiçoamento dos conhecimentos necessários para que a aprendizagem dos profissionais ocorra. As transformações tecnológicas exigem profissionais com conhecimentos amplos e bem capacitados. Diante destas exigências, a Pedagogia Empresarial adquire cada vez mais relevância. O acesso às tecnologias já é uma constante, sendo necessária a valorização do capital humano, que é tido realmente como um fator importante na empresa. Observe que há uma busca pelo desenvolvimento de uma aprendizagem significativa, bem como o aperfeiçoamento do capital intelectual, propiciando o desenvolvimento de novas competências que atendam ao mercado de trabalho.

É importante lembrar que há uma modificação na execução do trabalho, visto que não há mais uma divisão técnica totalmente marcada. Assim, ocorre uma valorização maior do trabalho em equipe e as funções ficaram mais polivalentes, o que provocou uma transformação, tanto do conteúdo, como da qualidade do trabalho humano. Este último torna-se mais abstrato, intelectualizado, autônomo, coletivo e complexo, logo, o objeto do trabalho é imaterial, ou seja, relacionado à informações, signos e linguagens simbólicas.

ATENÇÃO! O avanço tecnológico faz com que as tarefas fiquem indeterminadas, o trabalho que era executado de forma repetitiva dá lugar a um trabalho no qual é preciso realizar intervenções de forma mais dinâmica: diagnosticar, prevenir, decidir, ou seja, ter uma atuação mais efetiva no trabalho.

Neste cenário, não temos mais uma qualificação do trabalhador em tarefas determinadas, mas sim há o desenvolvimento de um conjunto de competências e habilidades, saberes e conhecimentos advindos de diferentes instâncias, entre as quais estão o conhecimento científico, o conhecimento técnico e outras qualificações (DELUIZ, s.d.).

Dentro de uma empresa temos candidatos à aprendizagem, geralmente adultos, o que nos leva a adotar alguns métodos e conteúdos específicos para atender a esse público. O adulto busca aplicar o que aprendeu na sequência de sua vivência profissional, assim, a aprendizagem é concreta e significativa. A aprendizagem, segundo Ribeiro (2006), é a assimilação de conhecimento, permitindo a adquisição de competências e novas experiências.

ATENÇÃO! É importante ressaltar que as competências desenvolvidas no trabalhador não devem ser restritas ao ambiente de trabalho. Este deve se perceber parte de uma sociedade e, como tal, agir como cidadão produtor de bens e serviços. As competências profissionais devem andar junto com as competências políticas, que permitirão ao trabalhador refletir e atuar criticamente sobre a produção, compreendendo seus direitos e deveres e a importância de participar ativamente nos processo de organização do trabalho.

Deve-se ter claro que o desenvolvimento das competências no trabalhador é histórico, condicionado ao contexto econômico, político e social. Assim, não surge a partir das tecnologias e organização do trabalho, mas reflete as relações de poder entre interlocutores sociais envolvidos no processo de produção de bens e serviços, que variam em cada cenário. O conceito de competência, começou a ser utilizado na Europa nos anos 80, porém não de forma precisa, sendo empregado de formas diferentes nas várias abordagens. Seu surgimento se dá no contexto de crise do sistema fordista e taylorista e mundialização da economia, cenário no qual há a exigência de melhoria de qualidade dos produtos e flexibilização dos processos de produção (DELUIZ, s.d.).

ATENÇÃO! O conceito de competência não pode ser tomado de maneira acrítica, pois pode implicar em uma visão reducionista da formação, voltada somente para atender as necessidades da reestruturação econômica e exigências empresariais, tornando uma abordagem baseada somente numa visão tecnicista e instrumentalizante.

Pensando na aprendizagem de adultos, vale a pena citar o método de formação profissional por competência, considerado de grande valor para pessoas que já estão inseridas no mercado de trabalho.

ATENÇÃO! Competência aqui é tida como a capacidade de mobilizar, articular os conhecimentos e habilidades necessárias para o desempenho eficiente das atividades requeridas pela natureza do trabalho.

A proposta da formação por competências se dá no sentido em que a pessoa precisa desenvolver novas competências e habilidades a partir daquelas que já foram desenvolvidas no dia-a-dia do seu trabalho. Neste sentido, há o intuito de ampliar as habilidades, através do desenvolvimento das capacidades técnicas do indivíduo, tendo como base um princípio integrador, no qual os saberes são integrados para execução de atividades, de acordo com as exigências do mercado (RIBEIRO, 2013). Isso dá aos indivíduos não somente conhecimentos técnicos, mas também os que levam a ampliar seus horizontes culturais e sociais.

O ensino por competências se caracteriza por transferir saberes como recursos e insumos, por meio de análises, sínteses, generalizações, em ações que são próprias do contexto profissional especifico, originando desempenhos eficazes. (RIBEIRO, 2013). Trabalhar nesta perspectiva, leva à adoção de uma prática pedagógica que privilegie metodologias centradas no sujeito que aprende, a partir de ações desencadeadas por desafios, problemas e projetos; o foco do trabalho educacional é deslocado do ensinar para o aprender; o docente é visto como um facilitador no processo de aprendizagem e tem o objetivo de formar alunos com autonomia, iniciativa e com a capacidade de solucionar problemas. É significativa a abordagem deste método, neste tópico, para evidenciar como o processo de ensino e aprendizagem pode ser compatível com o ambiente empresarial.

Podemos considerar a empresa como um conjunto de pessoas voltadas para explorar determinado ramo, com o intuito de atingir um objetivo previamente definido. Ao relacionarmos empresa e pedagogia – que é a responsável por estudar a formação humana – verificamos a existência de um espaço não escolar que, contudo, serve para a formação pessoal e intelectual, voltadas não só para a melhora da produção, mas também proporcionando o crescimento do **colaborador**. Desse modo, quando falamos em educação não podemos somente nos remeter às escolas, porque atualmente vivemos em uma economia global onde tudo gira em torno do conhecimento e aprender se constitui em uma grande questão.

O processo educativo tende a se transformar para acompanhar as constantes mudanças da sociedade, cenário no qual as empresas também começam a investir em educação. Assim, a formação do profissional que irá desenvolver as atividades e os treinamentos deve estar relacionada com a educação, para que o mesmo consiga situar os indivíduos nas tarefas por ele desempenhadas e também como deve proceder no local de trabalho.

O pedagogo poderá utilizar seu conhecimento para desenvolver o colaborador de maneira individual, considerando suas habilidades, conhecimento e capacidade necessários para executar tarefas.

3. Uma nova perspectiva de trabalho para o pedagogo

O curso de Pedagogia trabalha com saberes específicos, assim o pedagogo pode atuar em diversos espaços como hospitais, ONGs, presídios, empresas, entidades assistenciais, entre outros que serão abordados a seguir.

Segundo Ramal (2002), pedagogo é a profissão do momento, ou seja, ele passa a sair das escolas e universidades para novos campos de atuação, entre os quais: educação a distância, que necessita de profissionais preparados para articular os saberes da Comunicação, Pedagogia e Linguística, gerando arquiteturas de navegação que favoreçam o desenvolvimento de uma aprendizagem significativa; turismo, a partir do desenvolvimento de um turismo educacional que leva os visitantes para conhecer os lugares não só externamente, mas possibilita que eles aprendam, por meio de estratégias didáticas, sobre o multicultural, valorizando os saberes de cada contexto; museus, nos quais os pedagogos colaboram na formação de um olhar histórico-crítico sobre a realidade e na construção da memória cultural. Isto se dá por meio de estratégias que levem as pessoas a entenderem esses espaços como instâncias educacionais. (RAMAL, 2002).

Segundo Lévy (2000), a maioria das competências adquiridas por uma pessoa no início de sua carreira estarão obsoletas ao final da mesma, o que nos leva a entender que a educação contínua é fundamental para o progresso individual. Nas empresas, a necessidade de manter a competitividade exige que novas competências sejam desenvolvidas nos funcionários, assim a atuação do pedagogo é de extrema relevância, pois o mesmo exerce avaliação permanente que permite diagnosticar as novas necessidades da empresa, por meio da observação.

No contexto empresarial, a finalidade do processo de ensino e aprendizagem é gerar o lucro e, para que isto ocorra, os profissionais devem se manter atualizados com as tendências e tecnologias que estão em voga. Assim, cabe a valorização e discussão sobre as funções do pedagogo, responsável pela eficácia do processo de ensino e aprendizagem, neste cenário.

A organização deve considerar a atuação do pedagogo empresarial como um investimento estratégico, um diferencial, visto que ela passa por contínuos processos de mudança, em razão da necessidade de enfrentar a concorrência e as demandas dos clientes.

A partir do momento em que estas transformações estão em curso, é necessário um profissional que possua conhecimentos pedagógicos e didáticos, direcionados ao ambiente empresarial, pois ele deve fornecer uma base àquele que já possui o conhecimento especifico necessário para o posto de trabalho e, contudo, não executa de maneira satisfatória sua tarefa. O responsável pelo treinamento dos funcionários deve estar preparado para mediar uma situação de aprendizagem, ferramenta importante no contexto, cujo objetivo essencial seja a ação de ensinar e aprender (RIBEIRO, 2013).

Aquele que pode atuar neste processo de aprendizagem que se dá no ambiente de trabalho é o Pedagogo empresarial, porém, ele não trabalha sozinho. Segundo Lopes (2011), é importante que o departamento de recursos humanos das empresas seja formado por profissionais das três áreas de conhecimento: administração, psicologia e pedagogia, para que dentro de suas potencialidades possam desenvolver os seguintes quesitos no trabalhador: conhecimento, habilidade e atitude; saber (necessidade de conhecimento), satisfação (saúde, moradia, alimentação e lazer) e o sagrado (ligado à realização pessoal), importantes no sucesso de qualquer empresa.

Com a atuação de diferentes profissionais, deve-se ter uma visão integrada do todo, para que as atividades desenvolvidas não privilegiem determinadas áreas, promovendo o envolvimento de todos neste processo. Desta forma, cabe ao pedagogo empresarial ter o domínio para não confundir a elaboração do planejamento escolar com o planejamento de atividades a serem desenvolvidas no âmbito empresarial. Como veremos a seguir, o pedagogo empresarial deve relacionar os saberes corporativos, integrando-se com os outros profissionais, a fim de aprimorar o ambiente de trabalho.

4. Atributos e responsabilidades do pedagogo empresarial

A possibilidade da existência do pedagogo nas empresas traz uma nova área de atuação, porém, esta deve se dar em cooperação com os outros profissionais de gestão, que geralmente é formada por uma equipe multidisciplinar, composta, na maioria das vezes, por psicólogos, administradores e, agora, pedagogos.

O desafio do pedagogo dentro de uma empresa é constante, pois além de trabalhar no desenvolvimento das relações humanas, esse profissional deverá conhecer a

filosofia da empresa, ou seja, suas crenças, valores, política interna, princípios éticos e morais, para que não haja nenhum conflito entre o desenvolvimento das pessoas e a **cultura organizacional** da empresa.

Segundo Ribeiro (2003), o pedagogo empresarial necessita de uma formação que inclua a didática aplicada ao treinamento, jogos e simulações empresariais, administração do conhecimento, ética nas organizações, comportamento humano nas organizações, educação e dinâmica de grupos, relações interpessoais nas organizações, desenvolvimento organizacional e avaliação do desempenho. Observe que esta é uma formação humanística e técnica voltada para a atuação junto aos recursos humanos da empresa.

O pedagogo empresarial tem uma ação relevante, na medida em que pode acompanhar, bem como apresentar, alguns critérios a serem utilizados na avaliação dos índices de aprendizagem e no emprego de métodos que podem ser aplicados tanto no treinamento de empregados que já exercem alguma atividade na empresa, como os recém-contratados. Valendo-se destas avaliações, o pedagogo empresarial pode elaborar práticas pedagógicas e metodologias, que podem ser utilizadas não só por ele, mas também pelos responsáveis na mediação didática, pedagógica e técnica, nos programas de capacitação existentes na organização.

Neste sentido, o pedagogo empresarial terá a função de contextualizar, relacionar as experiências, os conhecimentos e as práticas pedagógicas, que serão transformadas em aprendizagens significativas, focadas não somente na formação técnica, mas, inclusive, na formação geral dos envolvidos neste processo, considerando-os como cidadãos e sujeitos transformadores nas relações sociais, culturais, trabalhistas, econômicas e financeiras.

Deve-se ressaltar o fato de o pedagogo empresarial estar em contato constante com os gestores e colaboradores da empresa, portanto, tem a possibilidade de, a partir das informações coletadas, elaborar um planejamento de quais ações serão desenvolvidas no ambiente interno da companhia. Geralmente sua prioridade é o diferencial humano, por este ser único, ou seja, as empresas podem ser iguais ou parecidas no aspecto tecnológico, porém, o lado humano afetará não só como se dará o treinamento, mas também a valorização dos profissionais.

A função do pedagogo empresarial não é só preparar os treinamentos, mas também definir, em conjunto com os comandos da empresa, quem participará dos mesmos; motivar os colaboradores e conscientizá-los da importância dessas capacitações e, além de tudo, atuar diretamente com as lideranças, desenvolvendo a consciência de que a participação dos seus colaboradores nos programas de treinamento deve ser facilitada, resultando em pessoas cada vez mais qualificadas, autônomas e inovadoras.

De acordo com Quirino (2005), nas empresas, as áreas mais comuns de atuação do pedagogo são os recursos humanos e as consultorias internas e externas.

Na área de recursos humanos os pedagogos podem desempenhar as seguintes funções:

- treinamento e desenvolvimento;
- atuar em universidades corporativas;
- programas de formação e qualificação profissional; e
- programas de especialização de mão de obra.

Na área de consultoria interna e externa, o pedagogo pode atuar na:

- capacitação e formação profissional;
- construção de projetos educacionais para públicos externo e interno;
- orientação para o desenvolvimento gerencial e educação continuada;
- campanha de qualidade total, entre outros.

Note que, na empresa, a atividade do pedagogo empresarial está ligada às atitudes, às habilidades e aos conhecimentos identificados como responsáveis pelo aumento da produtividade (RIBEIRO, 2004).

O pedagogo em uma empresa deve garantir que os colaboradores estejam preparados para qualquer demanda que possa aparecer. Esta preparação se dará por meio de uma formação e aprendizagem contínua, possibilitando-os detectar e superar os obstáculos e aproveitar as oportunidades que tragam benefícios para a empresa. Assim, a sua prática deve se voltar para o desenvolvimento de projetos que trabalhem e estimulem o desenvolvimento do ser humano de uma forma integral, diminuindo as lacunas entre o desempenho atual dos indivíduos e das equipes e o desenvolvimento que se espera no futuro.

A partir do que foi dito, o pedagogo empresarial contribui para o processo de crescimento dos indivíduos. Deve ter como objetivo cultivar e promover a capacidade de aprender e elaborar projetos, tendo em mente, de uma forma clara, a diferença entre um planejamento educacional, voltado para a escola, e o planejamento a ser desenvolvido no âmbito empresarial. Além disso, deve ter a percepção das estratégias que serão utilizadas na empresa, elaborando programas de treinamento que estejam voltados aos seus propósitos, bem como planejar projetos de aprendizagem nos quais sejam pensados caminhos para que as transformações do mercado de trabalho não atinjam, de forma negativa, os colaboradores da empresa, fazendo-os se sentirem úteis ao contexto no qual estão inseridos.

A partir das observações, a pedagogia empresarial se ocupa, basicamente, com os conhecimentos, competências, habilidades e as atitudes consideradas como indispensáveis e necessárias à melhoria da produtividade. O pedagogo empresarial produz e dissemina o conhecimento, estrutura o setor de treinamento e também desenvolve metodologia de informação e da comunicação às práticas de treinamentos.

Segundo Greco (2005), a pedagogia empresarial busca efetivar os saberes corporativos e, com o seu domínio, colaborar para a melhoria do ambiente organizacional, da qualidade laboral e da qualidade de vida, além de aumentar a satisfação pessoal. Assim, a atuação do pedagogo empresarial é ampla, indo muito além da aplicação de técnicas que visam estabelecer políticas educacionais no contexto escolar.

Glossário – Unidade 1

ANFOPE - sigla de Associação Nacional de Formação dos Profissionais de Educação. Trata-se de uma entidade político-acadêmica responsável por desenvolver estudos, pesquisas e debates sobre a formação e valorização dos profissionais de educação.

Colaborador - denominação recente dada pelas empresas aos seus empregados.

CONARCFE -sigla de Comissão Nacional de Reformulação dos Cursos de Formação de Educadores. Foi instituída pelos educadores e estudantes que estavam presentes no encontro nacional de "Reformulação dos Cursos de Preparação de Recursos Humanos para a Educação", promovido pela Secretaria de Educação do Ensino Superior/MEC, no mês de novembro de 1983, em Belo Horizonte, MG.

Conselho Nacional de Educação - órgão colegiado integrante do Ministério da Educação, que tem por incumbência colaborar na formulação da Política Nacional de Educação, bem como exercer atribuição normativa, deliberativa e de assessoramento ao Ministério da educação.

Cultura Organizacional - termo muito utilizado no contexto empresarial e significa o conjunto de valores, crenças e normas adotadas por uma determinada organização.

Epistemológico -adjetivo relacionado à epistemologia. Diz respeito ao tratamento dos problemas relacionados ao conhecimento. Estuda a origem, estrutura e validade do conhecimento.

MEC – sigla de Ministério da Educação, órgão da administração federal direta, que tem como competência, entre outros assuntos, a política nacional de educação, a educação em geral, a pesquisa e a extensão universitária.

Neoliberalismo -teoria baseada no liberalismo, que defende a participação mínima do estado na economia.

Organização - forma como um sistema está disposto para atingir os resultados pretendidos.

USAID –agência dos Estados Unidos criada para fomentar o Desenvolvimento Internacional. É um órgão independente do governo federal do EUA, responsável por programas de assistência econômica e humanitária em todo o mundo. No Brasil, a USAID está voltada para tratar de questões relacionadas ao meio ambiente, saúde e também na capacitação para o mercado de trabalho de jovens em situação de risco.

UNIDADE 2

A VISÃO EDUCATIVA DO TRABALHO

1. Contextualização Histórica sobre o trabalho

O **trabalho** é considerado como elemento que cria e recria a sociedade. Ele é realizado por homens e mulheres que desprendem força, técnica, precisão e conhecimentos para realizá-lo. Diversos economistas, sociólogos, cientistas e filósofos discutiram sobre a questão do trabalho na vida social. Três autores são fundamentais para compreender essa temática e são muito estudados nas ciências sociais e humanas: Émile Durkheim, Karl Marx e Max Weber.

ATENÇAO! Todos esses autores são considerados grandes clássicos das Ciências Sociais.

Marx, economista, filósofo e pensador do século XIX, considerava que o trabalho era o criador do homem social. Para ele, ao transformar a natureza, o homem transformava a si mesmo. Portanto, o trabalho, de acordo com o pensador, tem por incumbência desenvolver o ser humano e construir a vida em sociedade através da criação de objetos e ferramentas que auxiliam a vida. O trabalho realizado pelo homem faz com que ele se relacione com outros seres humanos, pois a produção coletiva e a luta pela sobrevivência permitem a construção da comunidade e da sociedade.

Ao realizar o trabalho, o homem modifica o ambiente no qual vive, pois altera a natureza para que essa contribua para sua sobrevivência. Ao longo da história, o homem produzia para satisfazer suas necessidades, ou seja, construía o que era essencial para a manutenção da vida. No começo, os materiais produzidos por eles eram simples e arcaicos. Com o passar do tempo e com a evolução da natureza e do próprio ser humano, as ferramentas e utensílios construídos foram se tornando mais complexas, fortes e precisas. O trabalho construía (e constrói) a vida material ou tudo o que era e é necessário para o desenvolvimento da sociedade.

É importante ressaltar que Karl Marx procurou compreender a história real dos seres humanos em sociedade, a partir das condições materiais nas quais eles viviam. Para o autor, não existia indivíduos formados fora das relações sociais. Logo, a essência humana seria o conjunto das relações sociais. O modo como os indivíduos se comportavam, pensavam e agiam estava vinculado à maneira como as relações sociais se dão. Estas, por sua vez, eram determinadas pela forma como os seres humanos trabalhavam e produziam os meios necessários para a sustentação material das sociedades.

ATENÇÃO! O fato de Marx querer compreender a história real dos seres humanos em sociedade, através das condições materiais nas quais eles vivem, é chamado de Materialismo Histórico.

Em Max Weber, apesar do tema não ser central em sua obra, a ascensão do trabalho é explicada como valor na história da humanidade a partir da Reforma Protestante. O enfoque do autor é a origem do racionalismo ocidental, manifestada no **capitalismo**. Contudo, a chave da compreensão do surgimento deste racionalismo é fornecida através da concepção de trabalho por meio da religião.

Em toda história o trabalho era visto de forma indesejada, como um castigo, mesmo sendo indispensável para a produção biológica e social da humanidade. Esta concepção vai se transformar com Martin Lutero, que teve uma influência decisiva neste processo. O que antes era considerado como castigo, passa a ser tido muito mais como uma vocação do que trabalho propriamente dito.

Não obstante, em Calvino nota-se ainda mais o distanciamento da visão de trabalho como uma coisa ruim: ao contrário, passa a ser um dever que aproximará as pessoas de Deus, libertando-as do sofrimento.

Para Weber, a ética protestante propiciou o surgimento do espírito capitalista, tendo no trabalho. Nesta perspectiva, esta nova concepção de trabalho permitiu que os homens – os capitalistas – adquirissem bens, obtivessem lucro, cobrassem juros e acumulassem capital, pois estes não eram mais vistos como "pecado".

PARA SABER MAIS! Para saber mais sobre este processo vale a pena ler o livro A Ética Protestante e o Espírito do Capitalismo de Max Weber.

Os novos valores – chamados naquele momento de ethos – serão os responsáveis por impulsionar a sociedade capitalista, já que a acumulação deveria ser reinvestida em novas formas de empreendimento para gerar mais empregos. Note a transformação: o trabalho, que era totalmente desvalorizado, nesse momento passa a ser uma referência para uma vida virtuosa e mais próxima de Deus.

Acontece que, com o desenvolvimento do capitalismo, um sistema econômico que colocou fim ao **feudalismo** na Europa, ocorreu uma divisão entre os que produzem as mercadorias e os que detêm os meios de produção. Os que possuem as fábricas e as mercadorias são chamados de **burguesia** e os que vendem sua força de trabalho são chamados de **proletariado**, ou trabalhadores. Se antes os homens produziam para satisfazer suas necessidades vitais, com o advento do capitalismo, principalmente o industrial, ocorreu a produção em massa, do excedente. A produção passa a ser para venda e não mais para garantir as necessidades vitais.

O capitalismo é um modelo de desenvolvimento econômico e social, que surgiu na Europa no século XV, com a centralização do comércio e da vida nas cidades. Esse novo modelo marca a passagem da Idade Média para a Idade Moderna e substitui o regime anterior que era denominado feudalismo, cuja dinâmica era marcada pela descentralização do poder, do comércio e das mercadorias.

O feudo era o território que abarcava toda vida social, e o senhor feudal possuía terras, riquezas e mandava naquele espaço, onde havia um rei centralizado, mas seu poder era mais simbólico e representativo do que efetivo.

Os feudos se constituíam em elementos quase autônomos onde vassalos, seus trabalhadores, cultivavam a terra para o senhor e produziam seu alimento, para consumo de suas família. A fé e grande devoção ao senhor feudal marcavam esse estilo de vida.

Tudo começou a mudar quando Portugal e Espanha, países já constituídos, sentiram a necessidade de ampliar o comércio para outros países e continentes, buscando por especiarias e outras mercadorias e tentando achar uma nova rota para as Índias. Os reis desses países resolveram financiar a descoberta e conquista de novos territórios e mercados, navegando pelos oceanos Pacífico, Atlântico e Índico. O descobrimento da América em 1492 e do Brasil em 1500 marcou de forma decisiva o rumo dessas nações.

Portugal e Espanha exploraram os territórios recém-descobertos. Retiraram boa parte de suas riquezas naturais e quando descobriram a prata e o ouro passaram a utilizar a mão-de-obra escrava do local ou do exterior. O índio foi explorado principalmente na América Espanhola e o negro, vindo da África, foi obrigado a trabalhar no Brasil. Enquanto isso, a Inglaterra colonizava suas terras mais ao norte, que hoje são os Estados Unidos da América. A exploração dos povos nativos e dos africanos produziu um grande número de mortes e muito sangue foi derramado nas terras que hoje compõem a América Latina.

As empreitadas além-mar renderam gastos gigantescos para as coroas de Portugal e Espanha. Para continuar as expedições e explorações de suas colônias, esses reinos passaram a emprestar dinheiro da Inglaterra, país que estava em pleno desenvolvimento econômico, com o aumento do comércio e da produção de mercadorias, que cobrava juros altíssimos, pagos com a prata e o ouro da América Espanhola e Portuguesa. Esse momento de ampliação dos mercados e desenvolvimento do comércio foi denominado capitalismo comercial.

A **Revolução Industrial** começou na Inglaterra nos séculos XVII e XVIII com a criação da máquina a vapor, que deveria diminuir o trabalho humano e aumentar a produção e o lucro. Com o aumento dos ganhos e da produção, a burguesia, que era a classe social voltada para o comércio, começou a investir dinheiro nas fábricas, que se espalharam por todo o território inglês, a fim de ampliar seus negócios, comercializando produtos de maior qualidade a preços mais baixos, pois o aumento da produção e do comércio ampliava a concorrência e diminuía o preço das mercadorias. Essa etapa de desenvolvimento, por sua vez, foi chamada de capitalismo industrial.

Ao se tornar proprietária das fábricas e depois das indústrias que foram surgindo, a burguesia necessitava de mão-de-obra. As cidades ainda eram pouco habitadas e a maior parte da população vivia no campo. Para aumentar sua produção e seus ganhos, a burguesia passou a comprar terras dos agricultores e, esses, sem ter onde morar, tiveram de se deslocar para as cidades e passaram a trabalhar nas fábricas e indústrias.

ATENÇÃO! Karl Marx afirma que o capitalismo separou os indivíduos em duas classes sociais antagônicas: a burguesia e o proletariado, que expropriava o próprio homem, pois este se tornava alienado do que produzia. Além de produzir para outro, não reconhecia o fruto do seu trabalho, já que produzia apenas uma parte da mercadoria e não podia comprar o que fazia. O valor da mercadoria custava o seu trabalho, mais o lucro do capitalista.

A partir da Revolução Industrial, as sociedades, sobretudo as ocidentais, foram se modificando. A Revolução Industrial transformou as relações sociais, econômicas e políticas. Com a produção ocorrendo nas fábricas e indústrias, os trabalhadores precisaram se adaptar às novas condições de trabalho.

O século XIX consolida a hegemonia do sistema capitalista, e inúmeras transformações ocorreram no ocidente. Com a consolidação das repúblicas em detrimento das monarquias, alguns países também foram constituídos, como a Alemanha e a Itália. Houve o desenvolvimento do comércio e das cidades, além da descoberta de novos territórios para conquista e exploração, principalmente da África. Outro fator importante foi o desenvolvimento das formas de produção, com o domínio das máquinas, que passaram a comandar a fabricação das mercadorias, trazendo a necessidade de adaptar o trabalho do ser humano, para que esse fosse otimizado e adquirisse saberes fundamentais para realizar tarefas, com o auxilio de maquinários mais modernos e tecnológicos. Neste sentido, cabe destacar três dos principais modelos de produção: o **taylorismo**, o **fordismo** e o **toyotismo**.

O taylorismo foi criado por Frederick W. Taylor, no final do século XIX, para aperfeiçoar a fabricação de mercadorias. Seu sistema de produção era baseado na racionalização e fragmentação do trabalho industrial, onde cada trabalhador passou a exercer uma atividade específica, no menor tempo possível e sem desperdiçar matéria-prima e tempo de trabalho, que passou a ser cronometrado e hierarquizado.

O fordismo foi criado por Henry Ford para melhorar a dinâmica da construção de automóveis no final do século XIX e início do século XX. Ele redefiniu a estrutura de suas fábricas ao utilizar a linha de montagem rolante, de forma que as peças e partes do carro iam se movendo pela esteira e o trabalhador permanecia parado realizando sua função. Este novo tipo de produção racionalizada torna necessário que o homem seja capaz de se adequar a esta nova demanda, ou seja, articular as novas competências e os novos modos de viver com os métodos de trabalho, que neste momento eram caracterizados pela ausência de mobilização de energias intelectuais e criativas (KUENZER, 2009). Assim, o trabalhador não despendia um esforço intelectual para realizar seu trabalho.

No filme "Tempos Modernos", o ator Charles Chaplin faz uma crítica à sociedade moderna, que controla o corpo, o biológico, com o tempo do relógio. A vida passa a ser regulada pela máquina, pela razão, pela ciência.

PARA SABER MAIS! Uma boa pedida cinematográfica para compreender melhor esse período é a produção citada no conteúdo - "Tempos Modernos", de 1936, com a participação do incomparável Charles Chaplin. Vale a pena conferir.

Os trabalhadores tiveram que aprender a controlar o corpo, o horário das refeições era definido pelo soar do apito, não pelo ronco do estômago, e toda dinâmica social passou a ser racionalizada.

Com o sucesso do fordismo, como modelo de produção eficiente, no que se refere à produção e ao desempenho dos trabalhadores, a esteira de produção rolante passou a ser usada em outras fábricas e indústrias de todo o mundo.

Ao longo do século XX, o capitalismo passou por diversas fases. O início do século passado foi marcado pela Primeira Guerra Mundial (1914-1918), pela Revolução Russa (1917), pela crise de 1929, pela ascensão do nazi-fascismo e pela Segunda Guerra Mundial (1939-1945), além do desenvolvimento tecnológico e das conturbadas relações entre o Estado e o capital.

Após a Segunda Guerra, os países europeus, a Rússia e o Japão estavam devastados. Nesse momento, os Estados foram fundamentais para a reconstrução dessas nações. Ocorreu um acordo entre o Estado e o capital, para recuperar o desenvolvimento e a vida dos moradores desses territórios. Esse período ficou conhecido como Estado de Bem-Estar Social, que durou até o final da década de 1960. Os Estados Unidos da América saíram vitoriosos do conflito e emprestaram dinheiro para reconstrução dos países atingidos.

O Toyotismo surgiu no Japão e foi criado pelo japonês Taiichi Ohno, sendo utilizado como forma de produção nas fábricas da Toyota após a II Guerra Mundial. O intuito desse modo de produção era diminuir os estoques, produzir com qualidade e em pequenos lotes. Dessa forma, o toyotismo exigia um trabalhador polivalente, dinâmico e bem qualificado, pois esse deveria atuar em mais de uma etapa do processo de produção.

A partir da década de 1970, ocorre o advento do capitalismo financeiro, os lucros passam a ser cada vez maiores, pois o dinheiro era colocado para render em bolsas financeiras, onde os indivíduos compram ações de empresas, e seus valores são analisados diariamente. O dinheiro passou a ser usado para aumentar a rentabilidade de alguns, os que conseguem comprar ações de sólidas companhias e terem altos ganhos.

É fundamental compreender como ocorreu o desenvolvimento do capitalismo ao longo do século XX, porque essas transformações influenciaram o capitalismo no século XXI e geraram a demanda por mais conhecimentos e saberes no ambiente profissional.

Após esta contextualização das transformações da concepção de trabalho e de como o sistema capitalista foi se delineando e promovendo as transformações na sociedade, abordaremos a seguir a visão educativa do trabalho, a fim de entendermos a relação entre as transformações ocorridas no mundo do trabalho e a educação.

2. A visão educativa do Trabalho

Ao longo do século XX, as indústrias, fábricas, empresas e instituições sofreram drásticas transformações. Se antes os ambientes de trabalho eram lugares predefinidos e fixos, com o tempo passaram a ser mais dinâmicos e dispersos, com setores trabalhando em conjunto e simultaneamente. Com a constituição de novos locais de trabalho, surgiu a necessidade de encontrar profissionais que auxiliassem as empresas nessa nova configuração.

A educação perpassa todas as esferas da vida social. Ela pode acontecer nos mais diferentes espaços e todos podem aprender e ensinar. A escola procura reunir os saberes, principalmente científicos, e os transmite utilizando métodos diversos de acordo com o objetivo proposto. Inserir a/o pedagoga/o nas instituições e empresas mostra a importância e necessidade dos saberes e métodos que a pedagogia utiliza, pois se busca melhorias, principalmente, na qualificação profissional dos seus trabalhadores, para aumentar a satisfação dos funcionários e consequentemente o lucro.

A todo momento podemos aprender algo novo. Atualmente homens e mulheres passam longas horas do dia no local de trabalho, por isso esse ambiente se tornou tão importante para a aquisição de novos saberes. Com a transformação cada vez mais veloz das máquinas e instrumentos utilizados pelas instituições e empresas, ocorre a necessidade de treinar e capacitar melhor os trabalhadores, para que estes desempenhem melhor e mais rapidamente suas funções.

Segundo Junqueira e Tavares (2009), a pedagogia vê nas pessoas a possibilidade de transformar também a sociedade. O pedagogo, de certa maneira, ao assumir a função de preparar os indivíduos para a vida, ampliou sua visão de educação e se aproximou do ser humano nos diferentes contextos sociais, portanto, onde o capital humano está presente ele também está. Na empresa não é diferente, o conhecimento no mundo do trabalho é indispensável, assim, a presença do pedagogo acaba se tornando fundamental, uma vez que este é o responsável por preparar o capital humano, imprescindível para o crescimento da empresa, pois quanto mais preparado ele estiver, mais a empresa pode aumentar a sua produtividade.

A consciência da importância do pedagogo dentro da empresa ganha força neste contexto de competitividade global, gerando a necessidade de adaptação de seus modelos de estrutura e instrumentos de gestão. Cada vez mais o conhecimento é visto como fundamental para a competência organizacional, assim os antigos centros de treinamento e desenvolvimento dão lugar à Educação corporativa, que se trata de um processo mais abrangente e completo de desenvolvimento do indivíduo, de acordo com as diversas competências que são exigidas dos profissionais modernos.

Neste cenário, onde a capacitação individual é cada vez mais valorizada, o conceito de educação corporativa tomou força na década de 90 nos Estados Unidos. Atualmente, no Brasil, este conceito vem tomando mais espaço nas organizações.

A educação corporativa não só promove a gestão do conhecimento nas organizações, mas também atua no reforço para o autodesenvolvimento dos trabalhadores, aperfeiçoando os mesmos para atuarem no desenvolvimento da empresa, bem como opera no complemento do processo educacional da população, não só no contexto das organizações, mas também promovendo uma contribuição à sociedade (EBOLI, 2004).

Segundo Eboli (2004), um sistema de educação corporativa tem a função de promover o desenvolvimento e instalar as competências empresariais e humanas consideradas importantes para a viabilização das estratégias de negócios. Para esta autora, os sistemas de educação corporativa apresentam alguns princípios que nos permitem analisar a implementação de projetos com esse enfoque em uma organização. Dentre eles temos: competitividade, perpetuidade, conectividade, disponibilidade, cidadania, parcerias internas e externa e, finalmente, sustentabilidade.

A competitividade está relacionada à valorização do capital humano, ou seja, a educação é vista como forma de aprimorar os colaboradores, tornando-os um diferencial da empresa. Na perpetuidade, a educação é vista não só como uma possibilidade de aprimoramento do colaborador, mas também como uma herança cultural, que é refletida em sua atuação na empresa. A conectividade está pautada nas conexões que enfoquem a comunicação empresarial, favorecendo sua dinâmica, ampliando o relacionamento com o público interno e externo.

A disponibilidade está relacionada ao fato da empresa promover recursos educacionais de fácil uso e acesso, permitindo ao colaborador realizar sua aprendizagem em qualquer hora e lugar. Na cidadania tem-se o estímulo do exercício da cidadania (individual e corporativa), possibilitando aos colaboradores a capacidade de reflexão sobre a realidade organizacional, fornecendo as bases para construí-la e modificá-la.

As parcerias devem ser estabelecidas no âmbito interno e externo. As internas devem ser realizadas com líderes e gestores, a fim de que priorizem a educação e aprendizagem de suas equipes, servindo de exemplo para os demais colaboradores. Já as externas devem ser feitas com universidades e instituições de níveis superior, agregando valor aos aspectos educacionais presentes na organização.

Por fim, temos a sustentabilidade, que, além de buscar por fontes alternativas de recursos, está relacionada à busca de sempre agregar valor ao negócio. Além disso, procura viabilizar um projeto educativo contínuo e permanente. Note que a educação corporativa tem tomado cada vez mais espaço nas organizações.

A partir do momento que as empresas passam a exigir das pessoas uma postura voltada ao autodesenvolvimento e aprendizagem contínua, se faz necessário implantar sistemas educacionais que privilegiem o desenvolvimento de atitudes, posturas e habilidades. (EBOLI, 2004).

As competências e habilidades para o empregado realizar um bom trabalho podem ser desenvolvidas e aprendidas nas próprias empresas, que contam cada vez mais com pedagogas/os e outros profissionais na área de recursos humanos, que devem ampliar os saberes dos funcionários, através de atividades e treinamentos elaborados para atender os objetivos dos indivíduos e das instituições.

O trabalho do pedagogo empresarial precisa levar em conta o ambiente de trabalho, os funcionários da empresa e os objetivos da organização, buscando: avaliar qual a melhor forma de obter os resultados propostos, como os trabalhadores se sentirão diante de cada treinamento, como atingir os objetivos esperados e qual o tempo necessário para atingi-los.

É indispensável e fundamental que o profissional conheça bem a instituição em que trabalha, quais são suas regras, seus objetivos e qual seu papel ali. Além de conhecer a empresa, é imprescindível conhecer a legislação trabalhista em vigor no país.

Uma produção mais eficiente, com menor desperdício de tempo e de matéria prima, sendo realizada por um trabalhador mais qualificado, atento e atuante, sempre foi requisito para as mais diversas empresas e instituições ao longo do tempo. Neste sentido, cabe a seguinte reflexão: que elementos e valores da pedagogia, enquanto ciência humana voltada para a formação, as fábricas e empresas podem estar querendo para ampliar seus rendimentos?

Apesar das mudanças observadas e da ampliação do campo de atuação do pedagogo, não se pode perder de vista o fator humano que a pedagogia deve trabalhar. Um pedagogo deve ter uma fundamentação teórica forte, considerando os diversos âmbitos que compõem sua atuação científica e profissional no campo educacional.

3. A importância da pedagogia empresarial

As diversas transformações pelas quais a sociedade comteporânea passa fazem com que as instituições e empresas busquem diferentes profissionais que possam contribuir para aperfeiçoar o ambiente de trabalho. O/a pedagogo/a que atua nesse ramo precisa estar atento às mudanças que ocorrem no mundo, principalmente na área das novas tecnologias da informação e relacionamento pessoal.

Como os saberes e transformações tem se modificado cada vez mais rapidamente, as instituições e empresas procuram profissionais habilitados para transmitir conhecimentos e aprimorar o trabalho de seus empregados. O pedagogo com sólidos saberes na área da pedagogia empresarial é sempre recrutado para realizar essa função. Segundo afirma Kuenzer (2009), a mudança de procedimentos rígidos para flexíveis atinge os diversos setores da vida social, implicando no desenvolvimento de habilidades cognitivas e comportamentais, entre as quais estão: análises, síntese, criatividade, rapidez de respostas, comunicação clara e interpretação das diferentes formas de linguagem. Além disso, há a necessidade de desenvolver a capacidade de trabalho em grupo, gerenciar processos, avaliar procedimentos, enfim, tudo o que envolve o aprimoramento contínuo.

O mercado de trabalho procura profissionais capazes de atender as novas exigências das empresas. Dinamismo, eficiência, autocontrole e comprometimento são alguns dos valores indispensáveis para o trabalho do século XXI. Conforme salienta Claro e Torres (2012), a concepção de formação alterou-se bruscamente. No período anterior à globalização, o indivíduo adquiria a formação estritamente necessária para o cargo e nele permanecia durante toda a sua vida, sempre na mesma empresa. Com o passar do tempo, foi se estreitando a ligação entre conhecimento e competitividade e e o nível de exigência profissional foi aumentando. Nesta perspectiva, fica clara a necessidade de se aperfeiçoar constantemente, seja no ambiente de trabalho ou em cursos oferecidos por diversas instituições de ensino.

Como o saber se tornou um ponto fundamental para o desenvolvimento das empresas no século XXI, o profissional que domina melhor os conhecimentos contribui muito para alavancar o desenvolvimento das empresas, rumo a uma produção mais eficiente e econômica e um aumento do lucro. Ao contratarem um pedagogo empresarial, as instituições esperam que esses profissionais construam saberes e treinamentos que levem seus funcionários a ter melhor rendimento, maior concentração nas tarefas realizadas e um bom relacionamento interpessoal. De acordo com Prado, Silva e Cardoso (2013), os profissionais devem atuar levando em conta que estão lidando com o ser humano e que sua atuação deve considerar o fator humano e as necessidades das organizações, agindo em conjunto para que haja um rendimento satisfatório de ambas as partes.

As instituições e empresas do século XXI possuem uma grande variedade de profissionais. Novas leis exigem que as empresas contratem pessoas com necessidades especiais, entre outros profissionais, para atuarem nas mais diversas funções, com inúmeros e diferentes saberes. O profissional que atuar no treinamento e desenvolvimento desses trabalhadores, precisa compreender que cada um se desenvolve no seu ritmo, tem suas dificuldades e particularidades e merece ser tratado com carinho e respeito. Ficar atento ás necessidades de cada um vai contribuir para que todos cresçam e se sintam valorizados.

Além das PCD (pessoa com deficiência), as empresas possuem os mais diversos profissionais que podem sofrer preconceito, como as mulheres, os negros, os homossexuais, os transgêneros, os obesos, pessoas que possuem diversas crenças, costumes e valores, e outros, que devem ser respeitados. Ao lutar contra os mais diversos preconceitos, o pedagogo contribui para valorizar os diferentes seres e para a ampliação dos **Direitos Humanos**.

O conhecimento de cada um é muito importante, pois contribui para construir uma empresa mais dinâmica e produtiva, por isso, saber ouvir e entender o outro deveria ser trabalhado com todos os profissionais, de todas as instituições. Segundo Prado, Silva e Cardoso (2013), o ser humano é essencial para as organizações, assim, seu êxito depende fundamentalmente das pessoas, sendo relevante a existência de treinamentos, que possibilitarão este diferencial, focado principalmente no desenvolvimento do fator humano. Isto refletirá diretamente no desempenho da empresa, visto que, ao se sentirem valorizados e comprometidos, os trabalhadores desempenham melhor suas funções e contribuem para o crescimento da empresa.

Um dos papéis mais importantes do pedagogo empresarial é contribuir para melhorar o ambiente de trabalho, possibilitar um melhor relacionamento interpessoal e intersetorial e estar atento a qualquer ruído ou problema que possa afetar a produção e as relações. É necessário trabalhar com seus colaboradores conteúdos mais amplos, não vinculados às barreiras de tempo e espaço para aprender (CLARO; CARDOSO, 2013).

Cabe aos pedagogos compreenderem bem seu papel em cada ambiente e valorizarem seus conhecimentos, para que atinjam os objetivos esperados quando foram contratados. Conhecer a empresa, a instituição em que trabalha é importante,tanto quanto conhecer os trabalhadores que atuam em cada setor.

Além da necessidade de ter um bom domínio sobre a empresa na qual se trabalha, o pedagogo empresarial precisa saber quais são os requisitos necessários para melhor exercer a função na qual se dispôs a trabalhar. Segundo Prado, Silva e Cardoso (2013),"o pedagogo é um mediador do processo de aprendizado, pesquisador, gestor. Esse profissional tem domínio da ciência pedagógica que fundamenta sua atuação" p. 65.

Podemos perceber que o desenvolvimento do capitalismo, ao longo do tempo, sempre colocou como objetivo principal o aumento do lucro. As mais diversas técnicas de produção se empenharam em ampliar os ganhos do capital. A reflexão que cabe aos pedagogos empresariais é: como, no século XXI, o ser humano vai se tornar mais importante e imperativo que o lucro? Educar somente para o lucro do empresário não é o papel de quem acredita e sabe que só o conhecimento crítico pode mudar um ser humano e a sociedade.

Segundo Kuenzer (2009), a pedagogia toyotista também auxilia na valorização do capital, as capacidades passam a ser chamadas de competências, que passam a ser desenvolvidas somente para atender às exigências do processo de valorização do capital. A maioria das ações são mais focadas na valorização do capital do que na possibilidade de reconstrução de uma unidade rompida.

Assim, vale a pena realizar algumas reflexões:

Como construir uma sociedade que valoriza e respeita o seu maior patrimônio? Cada ser humano é essencial e precisa ser respeitado, amado e acolhido no ambiente de trabalho.

A sociedade só se realiza por meio do trabalho de cada um. Respeitar e valorizar cada ser é o primeiro e mais importante passo que o pedagogo nas empresas e instituições precisa realizar.

Compreender que cada um é único e apresenta um desenvolvimento particular fará do profissional que assumir uma vaga na empresa um ser responsável e que tenha como critério o reconhecimento do outro como prioridade.

Jamais podemos compreender a entrada do pedagogo nas empresas como neutra. É preciso enfatizar que o domínio dos corpos, enquanto elemento que realiza o trabalho, no sentido do pensar e do agir, será o papel que desempenhará a/o pedagoga/o. Mais que uma ampliação do leque de ramos de trabalho do educador, esse foi recrutado, para legitimar com suas competências de formação, o domínio do capital sobre os corpos.

Glossário – Unidade 2

Burguesia – classe social que detêm os meios de produção.

Capitalismo – sistema econômico, que interfere nas esferas políticas e sociais, em que os meios de produção e sua distribuição são privados e onde uma parcela da população precisa vender sua força de trabalho em troca de salário.

Direitos Humanos – direitos fundamentais da pessoa humana. O direito à vida, à alimentação, à saúde, à moradia, à educação, o direito ao afeto e à livre expressão da sexualidade estão entre os direitos humanos fundamentais. Os direitos humanos são inerentes a todos os seres humanos, independentemente de raça, sexo, nacionalidade, etnia, idioma, religião ou qualquer outra condição.

Feudalismo – sistema econômico, social e político em que as relações são servis. O senhor feudal troca uma parte do cultivo de suas terras pelo trabalho do servo.

Fordismo – forma de produção de automóveis que utilizava a linha de montagem rolante, onde as peças e partes do carro iam se movendo pela esteira e o trabalhador permanecia parado realizando somente sua função.

Proletariado – classe social que vende sua força de trabalho em troca de um salário.

Revolução Industrial – momento histórico em que as máquinas passam a ser utilizadas na produção de mercadorias.

Taylorismo – sistema de produção, baseado na racionalização e fragmentação do trabalho, onde cada trabalhador passou a exercer uma atividade específica.

Toyotismo – modo de produção baseado em pequenas ilhas, com o objetivo de diminuir os estoques, produzir com qualidade e em pequenos lotes.

Trabalho – ação realizada por seres humanos, cujo objetivo é transformar a natureza, as ferramentas e os objetos, ampliando a tecnologia na busca por melhor qualidade de vida.

UNIDADE 3

A NECESSIDADE DE UMA VISÃO EDUCATIVA COMO REQUISITO DE EXCELÊNCIA DO TRABALHO

1. Gestão do conhecimento

Antes de entrarmos na perspectiva da gestão do conhecimento, vale a pena retomar alguns estudos que buscaram entender o verdadeiro significado do conhecimento. Na **Filosofia Ocidental**, temos a epistemologia, que se constitui como os estudos dos fundamentos do conhecimento. Dentro desta divisão epistemológica há duas concepções diferentes: a empírica e a racionalista.

De acordo com a concepção empírica, a fonte do conhecimento é a experiência sensorial. Assim, tanto a sensação como a percepção vão depender de fatores externos que agem não só nos nossos sentidos, mas também em nosso sistema nervoso. Deste modo,

> [...] o conhecimento é obtido por soma e associação das sensações na percepção, e ambas dependem da frequência, da repetição e da sucessão dos estímulos externos e dos nossos hábitos.(HILARIO, 2008, p.24)

ATENÇÃO! Um dos principais filósofos desta corrente de pensamento é o inglês John Locke (1632-1704).

Já segundo o racionalismo, o conhecimento verdadeiro vem de um processo mental ideal, não vinculado às sensações, portanto, o conhecimento é adquirido por dedução, tendo nos conceitos, leis ou teorias, aspectos para recorrer. Note que, para os empiristas, o conhecimento é proveniente basicamente das percepções, enquanto os racionalistas enxergam na percepção e sensação fatores que podem levar à confusão e por isso devem ser abandonados quando o conhecimento formula ideias puras.

ATENÇÃO! Vale a pena destacar também o pensamento cartesiano de René Descartes (1596-1650). O autor desenvolveu o método analítico de raciocínio que influenciou fortemente a sociedade ocidental no século XVII, permanecendo até hoje, tamanha a importância de seus estudos. Um dos fatos propostos por Descartes é a divisão entre o sujeito que conhece e o objeto conhecido, além de realizar uma rígida divisão entre diferentes disciplinas do conhecimento como economia, administração...

Observe que, embora existam diversos estudos sobre este tema, não há uma definição consensual e fechada sobre o que é o conhecimento, que não deve ser encarado como puro, muito menos como simples.

Já comentamos as diversas transformações pelas quais a sociedade passou, com as suas implicações, tanto no mundo do trabalho, como na educação. Ao longo do século XX, a **globalização** do capital foi conduzindo à globalização não só do conhecimento, mas também dos padrões culturais, de consumo, entre outros (GUEVARA; DIB, 2008). Diante deste cenário de constantes mudanças, vale a pena destacarmos as principais características observadas na passagem da sociedade industrial para a sociedade do conhecimento, no quadro abaixo:

Quadro 1 – Sociedade Industrial x Sociedade do Conhecimento

Sociedade Industrial	Sociedade do Conhecimento
Valor na quantidade	Valor está na flexibilidade e qualidade
Utilização de padrões e rotinas no trabalho	Com as constantes mudanças não há mais espaço para padrões e normas fixas
Sequência linear no pensar	A linearidade perde relevância
Ambiente burocratizado e hierárquico	Os ambientes não são mais burocratizados e a criatividade passa a ser valorizada
Informação vai de cima para baixo	Preza-se o diálogo

Com base em GUEVARA; DIB, 2008

Deve-se notar que estas transformações não ocorrem da mesma forma em todo o mundo, podendo acontecer de forma mais lenta ou mais rápida, variando de acordo com as predisposições culturais de cada local.

O conhecimento ganha cada vez mais relevância em nossa sociedade, principalmente nas organizações, com a possibilidade de utilizá-lo como recurso. Atualmente, vivemos em uma época marcada pela mobilidade, com livre fluxo econômico e de ideias. A tecnologia neste cenário é importante, por possibilitar o contato entre diversos mercados, encurtando as distâncias, promovendo a circulação de capital, produtos e serviços.

Nesta perspectiva, observamos que a sociedade do conhecimento valoriza antes de tudo o conhecimento de seus trabalhadores, mais do que o capital e os recursos naturais, os quais desempenham um papel central neste contexto.

A abordagem do conhecimento como recurso estratégico de uma empresa não vem de hoje, sendo realizada anteriormente por vários autores. De acordo com Porter (1980), a utilização do conhecimento pelas organizações, como um dos recursos estratégicos, gera vantagens competitivas. Neste sentido, o conhecimento pode ser considerado como um diferencial competitivo na agregação de valor, não só para os serviços, mas também de produtos.

Já Nonaka e Takeuchi (1997), definem que o conhecimento ocorre em função de uma atitude, perspectiva ou intenção específica, desse modo, está relacionado a um contexto específico. Ainda outros autores classificam o conhecimento de duas maneiras: o tácito e o explícito. O primeiro possui uma natureza subjetiva, de difícil comunicação, transmissão e aprendizagem, se encontra vinculado às ações dos indivíduos e são carregados de emoções, valores, ideais, intuição, daí a sua subjetividade. O conhecimento explícito é objetivo, visível, de fácil armazenamento e comunicação.

À medida que o conhecimento vai tomando um espaço cada vez maior e mais importante na empresa, este precisa ser gerenciado, tornando necessária a implantação de práticas de gestão. Estas últimas podem envolver diferentes aspectos, entre os quais, pensar a organização como um sistema, construir e facilitar comunidades de aprendizado e práticas, concentração nas questões de desenvolvimento pessoal, criar estruturas organizacionais não baseadas na hierarquia, entre outros (DAVENPORT; PRUSAK, 1999).

As práticas da gestão do conhecimento nas organizações brasileiras, segundo Terra (2005), devem compreender as características e demandas do ambiente competitivo, entendendo não só as necessidades coletivas, mas também as individuais que estão associadas aos processos de criação e de aprendizado dentro de uma organização. Ao depender de um ser humano que inova, aprende, reflete, critica e cria, a organização deve oferecer um ambiente propício, em que haja a comunicação e a interação entre os indivíduos, para que aconteça uma troca efetiva de conhecimento.

Na gestão do conhecimento, a alta administração tem um papel estratégico, pois os modelos de gerenciamento do conhecimento necessitam de certo nível de autoridade e iniciativa. Desse modo, a **delegação** de poder é responsabilidade das linhas de frente, que terão de contribuir por externarem seu conhecimento individual, que precisa surgir nas atividades diárias e nos processos internos.

> A alta administração, principalmente de empresas intensivas em conhecimento – como é o caso das jornalísticas, visando cumprir de forma eficaz seu papel de liderança para gestão do conhecimento, deve estar atenta também a algumas características da cultura organizacional – conjunto de regras e normas formais e informais, atitudes, crenças, espaços de

trabalho e, em particular, ao seu próprio papel (Fleury et al., 2002) – cultura que deve ser voltada à inovação, ao compartilhamento, à integração, pois, assim como a forma de liderança influencia na dinâmica da aprendizagem das pessoas e no compartilhamento do conhecimento (Batlett e Ghosal, 2002), a cultura também o faz (NADAI; CALADO, 2008).

Além disso, a cultura organizacional deve estar voltada à gestão do conhecimento, para que haja um ambiente favorável ao compartilhamento do mesmo. Neste sentido, o líder deve atuar para que isto ocorra, incentivando as pessoas que estão na organização a desenvolver suas **habilidades**, inclusive propiciando a existência de um aprendizado. Observe que existem processos para que uma gestão favorável do conhecimento aconteça, tal como: a estrutura organizacional, o posicionamento da alta administração, o desenvolvimento de uma cultura da aprendizagem e o compartilhamento do conhecimento dentro da organização, além das **políticas de recursos humanos**.

Nesta etapa, abordamos a gestão do conhecimento e a sua importância nas organizações atualmente, visto que o trabalho volta-se muito mais para o aspecto intelectual. Assim, cabe às organizações definirem qual conhecimento vale a pena ser desenvolvido, para promover ações de criação, integração e transferência do mesmo, proporcionando a ampliação das **competências** estratégicas. Portanto, o conhecimento deve agregar valor à empresa para que o seu gerenciamento possa ocorrer.

As transformações observadas na sociedade fizeram com que o conhecimento passasse a ser reconhecido como mais um recurso estratégico nas organizações, tendo também um valor no contexto econômico. Assim, os administradores devem estar atentos, analisando como o conhecimento pode interferir na posição competitiva da empresa, determinando onde se faz necessário um esforço maior para geri-lo, tornando-o uma fonte de vantagem competitiva e proporcionando resultados positivos.

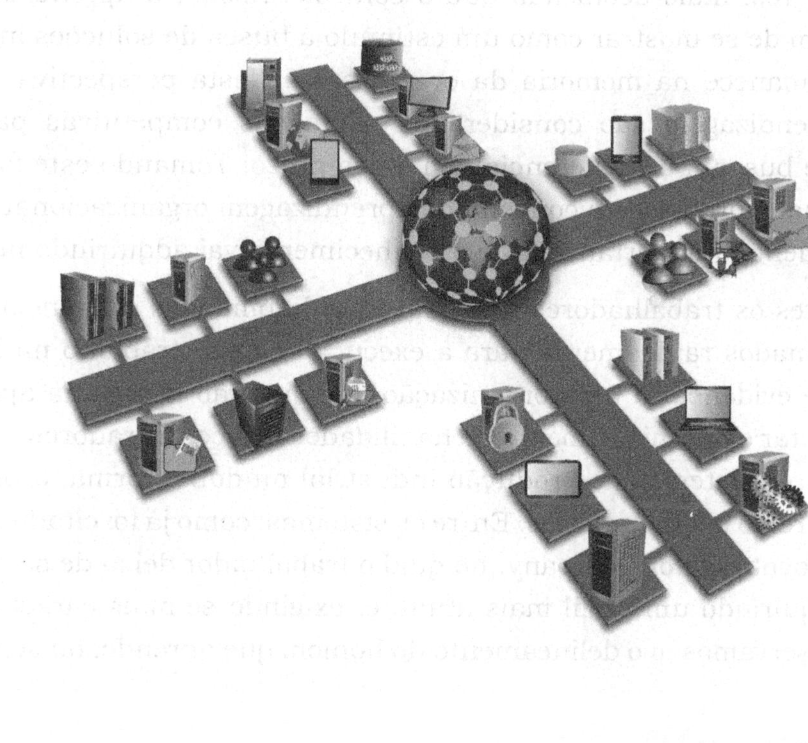

2. O cenário empresarial para o século XXI

O contexto atual exige que, tanto os colaboradores, quanto as empresas, estejam propensos para que um aprendizado constante ocorra. Observamos que hoje há diminuição das fronteiras entre os países e uma comunicação mais dinâmica com os diversos atores da cadeia produtiva, a saber, empresa e empregados, fornecedores e clientes.

O século XXI abre espaço para a chamada **economia do conhecimento**, em que não há mais a valorização da força muscular, que é substituída pela força do cérebro, portanto, os cargos exigem o desenvolvimento de habilidades intelectuais para a realização das tarefas. Neste sentido, há uma renovação constante do conhecimento, demandando a existência de um profissional preparado para se atualizar constantemente.

O capital humano se torna mais importante na empresa, ou seja, cada vez mais será agregado valor a este capital. Atualmente, a raiz do sucesso de uma organização está mais relacionada aos trabalhadores com conhecimentos diversos, constituindo-se como a essência de uma organização do século XXI. Este cenário requer a existência de um ambiente que estimule o desenvolvimento das potencialidades dos indivíduos sem bloqueios.

De acordo com Mariotti (1999), o local de trabalho deve ser como um núcleo de ensino e aprendizado, no qual o fluxo de informação deve ser ininterrupto, diante das transformações pelas quais as organizações frequentemente passam.

A aprendizagem toma um lugar significativo nas empresas, segundo alguns autores, mais destacado que o controle. Assim, a aprendizagem organizacional, além de se mostrar como um estímulo à busca de soluções inovadoras e criativas, permanece na memória da organização. Nesta perspectiva, o conhecimento e a aprendizagem são considerados vantagens competitivas para as organizações, que buscam um diferencial em longo prazo. Tomando este fato como base, vale a pena abordarmos o conceito de aprendizagem organizacional, para que fique mais evidente a importância que o conhecimento vai adquirindo neste contexto.

Antes os trabalhadores não possuíam habilidades diferenciadas, eles podiam ser treinados rapidamente para a execução de seu trabalho na linha de produção, o que evidenciava uma organização que que não focada na aprendizagem, além de limitar o desenvolvimento de habilidades nos colaboradores. O desenvolvimento de outros sistemas de produção industrial mudou a forma, a produção e o trabalho exercido pelos operários. Entre os sistemas, como já foi citado anteriormente, temos o Toyota Motor Company, no qual o trabalhador deixa de ser um simples executor adquirindo um perfil mais atuante, exigindo-se mais características intelectuais. Observamos aí o delineamento do homem que aprende, ou seja, aquele que passa a interferir de modo mais ativo e analítico no processo de produção. A aprendizagem desempenha um papel relevante na capacidade dinâmica organizacional.

De acordo com Senge (2002), a organização que aprende é aquela na qual as pessoas expandem continuamente sua capacidade de criar resultados que realmente desejam, onde se estimulam padrões de pensamentos novos e abrangentes, a aspiração coletiva ganha liberdade e onde as pessoas aprendem continuamente a aprender juntas.

A instituição que realmente aprende é diferente daquelas que só promovem o treinamento, pois este não é o único meio de difundir o conhecimento. Podemos destacar a aprendizagem operacional, com enfoque no *know-how*, ou seja, habilidade para desenvolver ações, e a conceitual, na qual o indivíduo adquire o *know-why*, promovendo a capacidade de articular conhecimentos conceituais sobre uma experiência (FLEURY; FLEURY, 1995).

As pessoas que trabalham em empresas que estimulam e disseminam a aprendizagem, expandem continuamente sua capacidade de criar resultados e novos padrões de pensamento são impulsionadas de modo que desenvolvem o pensamento crítico e criativo, com o intuito de atingir um objetivo. As equipes de trabalho devem se preparar para lidar com essas mudanças rápidas e profundas, desenvolvendo soluções inovadoras para as diversas situações que afetam de alguma forma estas organizações.

O conhecimento possibilita às organizações agirem de forma dinâmica frente as mudanças, contudo, deve-se desenvolver um ambiente aberto às novas ideias, ao diálogo e no qual os membros dos grupos tenham a possibilidade de interagir e colocar suas ideias em prática. Daí a importância de uma empresa que vise à aprendizagem organizacional, possibilitando não só uma mudança nas relações de trabalho, como nos trabalhadores que adquirem autonomia e são mais flexíveis às modificações que são constantes.

3. Educação Corporativa

Nos tópicos anteriores vimos que o conhecimento passou a ser considerado um diferencial competitivo nas organizações, desta forma as empresas têm um novo desafio: organizar e disseminar este conhecimento. A educação corporativa surge como um meio de atualizar os antigos programas de treinamento e desenvolvimento das organizações, sendo um diferencial nas estratégias organizacionais dos programas.

A aprendizagem não pode estar restrita à área de recursos humanos, mas deve estar alinhada às práticas da organização como um todo. A economia do conhecimento, como já foi observado anteriormente, exige um aprendizado contínuo e o desenvolvimento de qualificações mais amplas, o que antes era feito somente por aqueles que ocupavam cargos mais altos nas empresas, com treinamentos pontuais e preventivos. Agora, há uma ampliação, integrando todos os trabalhadores, independentemente do nível hierárquico, constituindo-se como uma necessidade constante para manter o crescimento e a sustentabilidade da empresa.

ATENÇÃO! No início do século XX, surgiu a necessidade do treinamento e desenvolvimento das pessoas, contudo, estes eram limitados a orientar os profissionais sobre técnicas de manuseio de máquinas e métodos de operações. Não havia o desenvolvimento de pessoas críticas que pudessem colaborar para o processo de produção.

A necessidade de aprendizagem contínua exige que o profissional seja polivalente, com conhecimentos gerais e específicos, que possam ser utilizados na prática diária de suas funções na organização. Além disso, ele deve buscar o aprimoramento de sua atitude mental, vivenciando todos os aspectos da empresa, o que ampliará a sua visão, tornando-o um empregado crítico e ativo, contribuindo para o crescimento não só da empresa, mas também de sua carreira.

Ao voltarmos para a Educação Corporativa, vemos que ela surge da junção de alguns fatores entre os quais: organizações flexíveis, economia do conhecimento, a rapidez com que o conhecimento se torna obsoleto, empregabilidade e educação para estratégia global (EBOLI, 2008).

De acordo com Eboli (2008), a Educação Corporativa se constitui em um sistema de formação pautado pela gestão de pessoas com base nas competências, promovendo nos colaboradores, internos e externos, as críticas para a viabilização das estratégias de negócio, proporcionando um processo de aprendizagem ativo, vinculado aos propósitos, valores, objetivos e metas empresariais.

PARA SABER MAIS! A fim de conhecer como se dá o desenvolvimento do conceito de competências, vale consultar o texto "Construindo o conceito de Competência" de Maria Teresa Leme Fleury e Afonso Fleury disponível no link www.scielo.br/pdf/rac/v5nspe/v5nspea10.pdf. Acesso em: 01 jul. 2015.

Assim, observe que a adoção deste conceito implica em uma mudança no paradigma, ou seja, o cargo que antes propiciava uma estabilidade econômica, agora tem baixa previsibilidade de negócios e atividades, o trabalho que anteriormente era realizado com cargos definidos e tarefas programadas, agora é organizado com base em metas e multifuncionalidades, e o enfoque dado no processo, agora passa a ser para os resultados e por fim, a valorização da aprendizagem. (RUAS; ANTONELLO; BOFF, 2008). Para que fique mais claro, observe o esquema a seguir:

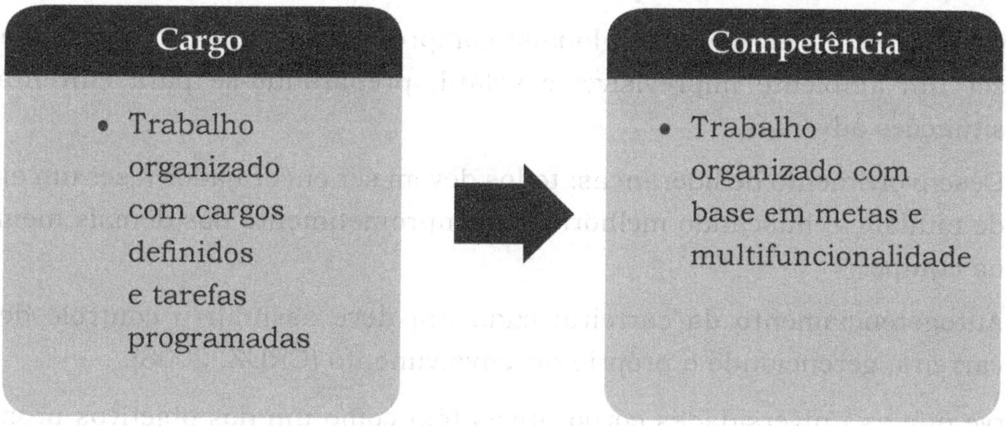

Note que, cada vez mais, as empresas dependem do seu capital humano para atingir bons resultados. Este, por sua vez, deve ser bem desenvolvido e trabalhado de forma a promover profissionais autônomos, com poder de decisão, inovação e criatividade, ou seja, aspectos **intangíveis** que exercem total relevância neste contexto. Esta mudança de perfil de treinamento e desenvolvimento leva as empresas a se transformarem em uma organização do conhecimento, que pode ser denominada universidade corporativa.

As universidades corporativas têm sua criação baseada em estratégias organizacionais, na qual há a implantação de um processo contínuo de educação corporativa, com a finalidade de promover tanto a aprendizagem como a gestão conhecimento.

As universidades corporativas surgiram nas empresas devido à baixa qualidade do ensino superior e também pela necessidade de aprendizado constante, marcando o quanto as empresas precisam de educação. Segundo Meister (1999), há sete competências básicas no ambiente de negócios, necessárias para superar o desempenho da concorrência e definidas como a soma de qualificações, conhecimento e conhecimento implícito, que são a base da empregabilidade do indivíduo:

1. Aprendendo a aprender: capacidade analítica, de questionamento e pensamento criativo, como uma forma natural de agir no ambiente organizacional, para a aplicação do conhecimento diante do surgimento de novos desafios.
2. Comunicação e colaboração: habilidades pessoais de saber ouvir e se comunicar de forma eficaz, e trabalho em equipe, colaborando e compartilhando conhecimento com qualquer membro da cadeia de valor.
3. Raciocínio criativo e resolução de problemas: capacidade de descobrir sozinho formas de tornar o trabalho eficiente e eficaz, por meio do raciocínio crítico.
4. Conhecimento tecnológico: comunicação pela internet, recomendando e compartilhando melhores práticas.
5. Conhecimento de negócios globais: compreensão do quadro global, por ele ser um ambiente imprevisível e volátil, preparando-se para enfrentar as situações adversas.
6. Desenvolvimento de lideranças: todos devem ser encorajados a ser um agente de mudança, buscando melhorias e comprometimento dos demais membros da equipe.
7. Autogerenciamento da carreira: cada um deve assumir o controle de sua carreira, gerenciando o próprio desenvolvimento (CRUZ, 2008).

Observe que as universidades corporativas têm como um dos objetivos promover mudanças nas organizações, além de desenvolver qualificações que estejam baseadas nas competências. Assim, no currículo a ser adotado nessas universidades, deve ser disseminado a cultura, os valores, as tradições e missão da empresa, além de proporcionar uma visão do contexto em que a empresa opera, noções sobre os negócios, os clientes, fornecedores e concorrentes, criando competências básicas entre os trabalhadores e os ambientes de negócios (MEISTER, 1999).

Depois de abordarmos o conceito de universidade corporativa, vale a pena tratarmos das diferenças que existem entre as universidades corporativas e as universidades tradicionais.

As universidades corporativas estão voltadas para o desenvolvimento de competências direcionadas à realidade do negócio. Dessa forma, como a aprendizagem está focada na prática dos negócios, a mesma está relacionada ao sistema de gestão da empresa. Por esse motivo, a aprendizagem transmite as crenças e a cultura da organização, bem como o seu segmento de atuação, formando cidadãos competentes que contribuem para o sucesso da empresa e seus clientes (EBOLI, 2004).

Note que a universidade corporativa volta-se para o atendimento das necessidades da organização, assim cabe a seguinte reflexão: a universidade corporativa, ao desenvolver os conhecimentos relativos à atividade empresarial, não possui um caráter doutrinário? Não se pode perder a dimensão de que é necessária uma formação que privilegie não somente determinados aspectos, mas todos os que possibilitam ao indivíduo alcançar a autonomia, que seja refletida nos diferentes âmbitos da sua vida profissional e pessoal.

Já nas universidades tradicionais, observamos uma tendência de formação mais ampla, ou seja, há o desenvolvimento de competências voltadas à realidade do trabalho, uma aprendizagem focada em uma formação conceitual sólida e universal. Está ligada ao sistema educacional formal, as transmissões de crenças e valores universais da sociedade, desenvolvimento de uma cultura acadêmica e a formação se volta para formar cidadãos capazes de gerar o crescimento não só das organizações, mas também da comunidade (EBOLI, 2004). Note que aqui privilegia-se a reflexão, o questionamento num sentido político e social amplo, estendendo-se inclusive para a crítica do próprio ambiente de negócios e sua origem capitalista.

ATENÇÃO! Na sociedade do conhecimento, o senso crítico é um elemento fundamental para atuação ativa na solução de problemas concretos existentes na sociedade.

Diante das diferenças entre as universidades tradicionais e as corporativas, vale a pena colocarmos as vantagens e desvantagens da criação destas últimas.

Na perspectiva de Eboli (2004), uma das vantagens é a possibilidade de otimizar os resultados, por meio do desenvolvimento de políticas específicas para a educação corporativa, vinculando-as à educação do Estado; há também uma melhor preparação para a força de trabalho, visto que a educação é mais orientada para a prática; outra vantagem é levar o conhecimento a localidades afastadas dos grandes centros e, por fim, criar uma **sinergia** entre os investimentos das empresas e do Estado.

No âmbito acadêmico, destaca-se a possibilidade de parceria entre a universidade tradicional e a corporativa, resultando em um sistema de aperfeiçoamento contínuo dos programas através desta parceria. Com relação às empresas, as vantagens estão no fato de aumentar o seu investimento em educação e, com isso, a sua vantagem competitiva e a sua inserção no cenário global, aumentando a visibilidade na comunidade, com os clientes, fornecedores e investidores.

Já as desvantagens estão relacionadas à possibilidade de acomodação do governo, em relação a sua responsabilidade pelo sistema educacional; o desvio de atenção e recursos dos sistemas formais de educação, acirrando os conflitos de interesses; pode também ocasionar o enfraquecimento do desenvolvimento de pesquisas básicas, devido a busca imediata dos resultados, principalmente por parte das empresas, bem como o privilégio de ações de treinamento e educação, que não são revertidos em benefícios para o país. Com relação às empresas, pode-se perder o foco, deixando de lado a atuação em seu ***core business***, além de haver a restrição da educação corporativa a uma regulamentação do governo.

A convivência entre as universidades tradicionais e as corporativas pode acontecer de forma harmônica, culminando até na existência de parcerias. Contudo, as transformações vêm ocorrendo de forma cada vez mais rápida, cabendo a seguinte reflexão: se as universidades corporativas tornarem-se independentes, como se dará a convivência com as universidades tradicionais? Devemos ter em mente que, se isto acontecer, resultará em desvantagens para as duas partes. Ou seja, a universidade tradicional deixará de trocar experiências com a organização, que terá sua própria universidade, não existindo mais uma visão prática nos cursos universitários. Outro resultado seria a diminuição da produção acadêmica, já que a universidade corporativa dará pouca ênfase em reflexões teóricas, que possibilitem a evolução dos conceitos existentes (CRUZ, 2008).

Neste contexto, em que a valorização do conhecimento é mais relevante, deve-se entender claramente a sua importância no mundo empresarial, contudo, não se pode priorizar somente o desenvolvimento de competências que serão utilizadas no ambiente organizacional, pois a necessidade é de um empregado capaz de atuar nos diferentes âmbitos da empresa e sociedade.

4. Educação pelo trabalho

Já vimos que o conhecimento se torna um recurso estratégico nas empresas, assim, é necessário que o indivíduo desenvolva a consciência que, para se tornar competitivo e útil no mercado, deve estar em constante processo de aprendizagem. Além disso, deve ter prazer em aprender, ter ideia plena de que a aprendizagem não tem fim e, com isso, buscar os mecanismos que aprimorem este processo, sua forma de lidar e trabalhar com este conhecimento adquirido, tornando-se um diferencial.

ATENÇÃO! A aprendizagem por toda vida não é para quem se dedica à carreira acadêmica, mas sim para aquele que está atento às mudanças e compreende o seu impacto e significado não só no seu trabalho, mas no seu cotidiano e em sua vida.

De acordo com Maia (2008), diante deste panorama da sociedade do conhecimento, a universidade deve despertar a consciência dos alunos para a importância da aprendizagem, além de fazer um constante monitoramento e atualização das necessidades dos aprendizes, para que os mesmos se sintam cada vez mais motivados a aprender.

Assim, desenvolve-se o conceito de educação pelo trabalho ou Work-Based Learning. Esse conceito envolve o oferecimento de cursos nas empresas, módulos de aprendizagem, que oferecem uma visão generalista de como é organizado um ambiente de trabalho e também uma formação dirigida para aqueles que já se encontram no mercado de trabalho, sem o tempo necessário para frequentar uma universidade no modelo tradicional.

ATENÇÃO! Este modo é denominado de learningthroughwork.

Algumas instituições na Inglaterra oferecem formações baseadas nestes conceitos, a finalidade é possibilitar a ampliação do acesso ao ensino superior para uma parcela da população que já está inserida no mercado de trabalho, mas, por alguns fatores não têm interesse em frequentar uma instituição de ensino nos moldes tradicionais. Assim, possuem uma qualificação profissional de alto nível, domínio de suas funções de trabalho, no entanto, sem uma certificação acadêmica ou uma validação de seu trabalho para a complementação de sua formação (MAIA, 2008).

Ao falarmos em educação pelo trabalho, de acordo com Maia (2008), devemos pensar em alguns pontos principais:

- Educação pelo trabalho significa que pessoa já está trabalhando, desenvolvendo uma função em qualquer nível hierárquico, sem necessariamente ter uma experiência relacionada ao trabalho que é desenvolvido.
- Pode haver ou não a participação da empresa onde o indivíduo trabalha, assim o curso não estará vinculado ao desenvolvimento desta ou daquela prática de trabalho.
- Devem ocorrer formas de avaliação da aprendizagem no trabalho, para que haja uma recompensa formal, além de uma validação deste aprendizado.
- Necessidade de um contrato de aprendizagem entre o que aprende e o responsável a dar o suporte para esta aprendizagem, especificando as necessidades dos indivíduos e os meios a serem utilizados, para que se atinjam os objetivos.

- A universidade que se predispõem a oferecer a educação pelo trabalho deve ter as condições necessárias para desenvolver sua tarefa da melhor forma possível, tendo um corpo docente diferenciado e preparado para esta função. A aprendizagem deve ser construída conjuntamente, a partir da observação das necessidades do sujeito que está se propondo a aprender, além de oferecer os recursos humanos, também deve oferecer os tecnológicos que são necessários para que a aprendizagem efetiva ocorra.
- A interatividade acontecerá entre os sujeitos, de acordo com o que foi acordado entre eles. A comunicação se dará entre as partes, por meio de recursos tecnológicos, os quais também possibilitarão o armazenamento, registro e distribuição do material produzido.
- A base da educação pelo trabalho deve ser o aluno e seus interesses profissionais e pessoais neste processo, assim, a aprendizagem será construída a partir dos interesses e necessidades do aluno.
- O professor deve acompanhar o aluno, além de fornecer os subsídios necessários, para que o mesmo consiga atingir os objetivos propostos.
- A rotina de trabalho pode ser utilizada para o desenvolvimento da aprendizagem, não sendo necessário, nesta perspectiva, sair do ambiente de trabalho para aprender, já que enquanto trabalha aprende e enquanto aprende trabalha.

Observe que o ambiente de trabalho é o local ideal para o desenvolvimento da aprendizagem e a integração dos grupos. A educação pelo trabalho pode ser considerada como uma alternativa, mas, para isso, as empresas precisam se dar conta que a realização de uma graduação ou pós-graduação é um benefício que não ficará restrito só ao colaborador, mas irá gerar uma melhoria no desenvolvimento do seu trabalho, bem como uma forma de monitoramento da gestão e produção do conhecimento no local de trabalho.

O colaborador não precisa sair do ambiente de trabalho para alcançar o desenvolvimento de sua aprendizagem. Contudo, para que isto de fato aconteça, é necessário que a empresa valorize os aspectos ligados à aprendizagem.

É importante que haja um sistema nas empresas que dê uma oportunidade àqueles que não obtiveram uma certificação de fazê-lo. Contudo, o governo não pode perder a dimensão da importância de seu papel na estruturação de uma educação de qualidade em todos os níveis de ensino, ou seja, do ensino fundamental ao ensino superior, para que sejam formados não somente profissionais capacitados e com alto rendimento, mas também cidadãos com consciência crítica e a possibilidade de promover a transformação social.

Glossário – Unidade 3

Competência – constitui um saber responsável e reconhecido, que implica mobilizar, integrar, transferir conhecimentos, recursos e habilidades, que agregam valor econômico à organização e valor social ao indivíduo.

Core Business – parte principal de um determinado negócio, ou seja, o ponto forte de uma empresa que deve ser trabalhado de forma estratégica e pode ser denominado como o núcleo do negócio.

Delegação – transmissão de poder para outra pessoa.

Economia do Conhecimento – economia na qual o capital intelectual tem uma contribuição crescente. Há o aumento da capacidade de inovação, criação, acesso à informação, ou seja, existe uma inovação coletiva, com a união de universidades, instituto de ciências e tecnologia, escolas, empresas e indivíduos.

Filosofia Ocidental – termo inventado recentemente para se referir ao pensamento filosófico da civilização ocidental, iniciando com a filosofia na Grécia Antiga, cobrindo uma grande área do globo.

Globalização – conjunto de transformações de cunho econômico e político, ocorridos na ordem mundial, que são visíveis desde o início do século XX. Este fenômeno criou pontos em comum, não só nas vertentes econômicas e políticas, mas também cultural e social, tornando o mundo interligado.

Habilidades – revela a capacidade de alguém fazer alguma coisa, ou seja, o cumprimento de uma tarefa com um nível de destreza.

Intangíveis – bens que não podem ser tocados.

Política de recursos humanos – política que compreende a seleção de pessoal, remuneração, avaliação de desempenho, divulgação dos resultados, entre outras coisas, que fazem parte da organização.

Sinergia – cooperação. Está relacionada ao trabalho e o esforço para realizar uma determinada tarefa muito complexa, momento em que o todo é maior que a soma das partes. Dentro de uma empresa, a sinergia é importante para que a execução de uma ação conjunta resulte no sucesso da empresa.

UNIDADE 4

A NECESSIDADE DE UMA VISÃO EDUCATIVA COMO REQUISITO DE EXCELÊNCIA DE PESSOAS

1. A humanização da empresa levando em conta o papel do pedagogo empresarial

O processo de **humanização** teve início com a realização do trabalho. Ao transformar a natureza para sobreviver, o homem foi se transformando e modificando-a. Ao realizar o trabalho, os humanos foram adquirindo novas habilidades, sentimentos e comportamentos.

Atualmente, o diálogo é fundamental no processo de humanização. Falar o que sentimos de maneira clara e educada permite que o outro nos acolha, com mais compaixão e carinho. Ao dialogar, expomos nosso ponto de vista e isso abre brechas para que o outro entenda nosso pensamento, bem como nosso modo de enxergar o mundo. Assim, a comunicação e o relacionamento entre os indivíduos nas organizações são fundamentais para um bom convívio, melhorando as relações no trabalho e o transformando em um ambiente harmonioso e acolhedor (ALMEIDA; COSTA, 2012).

O educador tem papel fundamental no processo de humanização. Ao educar ele contribui para o crescimento do outro e transmite os valores, os costumes e o saber de determinada sociedade. Como o conhecimento se tornou ainda mais fonte de poder e riquezas, o papel do pedagogo na sociedade contemporânea foi alargado. Além de educar, nas escolas e instituições de ensino, passou a ser requisitado para aprimorar a aprendizagem nas empresas e instituições, que procuram valorizar o protagonismo do ser humano sobre o capital.

Quando as empresas lidam com a questão da gestão do conhecimento, estão preocupadas em compreender como se aprende mais e de maneira mais eficiente, por isso, contratam um pedagogo para auxilia-las a atingir seus objetivos mais rapidamente.

O olhar do pedagogo empresarial, quando adentra o ambiente profissional, deve ser extremamente crítico, procurando encontrar lacunas e brechas, lugares onde a aprendizagem pode estar ocorrendo de maneira limitada, não estar ocorrendo e o motivo pelo qual não está. Seu papel é de investigador, analisando cada ambiente daquela instituição, questionando gestores e todos os colaboradores sobre sua carreira, vida pessoal, objetivos a curto, médio e longo prazo. O diagnóstico feito pelo pedagogo precisa levar em conta como a aprendizagem e o diálogo podem se tornar mais eficiente.

Depois das análises e avaliações quanto ao local de trabalho, o pedagogo empresarial deve conversar com as equipes, mostrar suas conclusões e suas sugestões sobre como melhorar a gestão do conhecimento naquela empresa.

Mudanças nas estruturas de trabalho, com realocação de móveis, de computadores e de bancadas devem ser muito bem detalhadas e precisam ser discutidas antes de serem concretizadas. Outro ponto importante fica por conta da necessidade de realocação de pessoal, mudança de equipe, troca de gestores e avaliação dos colaboradores, que precisam ser debatidas em conjunto e particularmente, sendo que o papel do pedagogo empresarial é sentir como o empregado reage diante das mudanças propostas.

Para realizar a humanização dos colaboradores das empresas, é fundamental que o pedagogo empresarial reconheça o valor de cada um dos seus colegas e os valorize. A transformação do ambiente de trabalho pode contribuir muito para melhorar o relacionamento interpessoal, entretanto é necessário realizar avaliações permanentes sobre as mudanças, se essas estão de acordo com o objetivo inicialmente proposto, se os trabalhadores estão motivados e sendo mais eficientes. Nesse sentido para Nadai e Calado (2008)

> "progressivamente, o conhecimento e outros intangíveis constituem não somente a base de operação das empresas, mas também parte ou a totalidade dos produtos que elas oferecem" p. 96.

O pedagogo empresarial precisa auxiliar as empresas e instituições na melhoria do relacionamento interpessoal. O grande desafio é construir um ambiente de diálogo e afeto entre todos os setores e trabalhadores. É importante elaborar treinamentos e dinâmicas onde a comunicação seja o principal, buscando garantir que o trabalhador seja compreendido e compreenda o outro. Portanto, a função do pedagogo dentro da empresa é auxiliar o desenvolvimento não só comportamental, mas também psicológico, levando todos a se relacionarem de uma forma melhor, aprendendo uns com os outros (ALMEIDA; COSTA, 2012).

Muitas pessoas têm dificuldade em expor ideias, sentimentos e podem precisar de um auxílio mais próximo do pedagogo empresarial, que precisa estar atento a essa demanda dentro da empresa. Neste cenário, a valorização da autoestima é uma das ferramentas mais eficazes. (Atenção: É importante diferenciar autoestima de alto-astral, pois tem significados diferentes. Autoestima está relacionada a você, ou seja, e deve se dar valor para ser valorizado, ao passo que o alto-astral é quando se está em um dia bom, muito mais ligado a um estado de humor).

A necessidade de se colocar pode gerar insegurança e pressão em alguns empregados, que precisam de ajuda e merecem recebê-la. Dessa maneira, a atuação de uma equipe multidisciplinar pode avaliar a melhor maneira de ajudar esses trabalhadores.

O pedagogo empresarial é referência fundamental no processo de humanização, dentro das instituições contemporâneas. Ao realizar treinamentos, palestras e cursos, deve avaliar como esses auxiliam os empregados, procurando melhorar a interação interpessoal e o comprometimento com a empresa. Nesse contexto, o pedagogo passa a ganhar espaço dentro das empresas na área de desenvolvimento de Recursos Humanos, trabalhando com o treinamento pessoal, a formação de mão de obra, capacitação para serviços, oficinas, organização de palestras, reuniões, seminários, congressos, entre outras atividades. Não podemos esquecer que ele deve trabalhar principalmente a autoestima e o relacionamento entre os membros que constituem a empresa (ALMEIDA; COSTA, 2012).

Na atualidade, a hierarquia e a rigidez deixam de ser as estruturas principais da gestão nas empresas. Procura-se construir estruturas mais flexíveis e pautadas no diálogo assertivo e intersetorial. Tal ponto de vista visa favorecer as relações em detrimento de postos de trabalho e valorizar mais o ser humano do que sua posição, mostrando assim que, mais importante do que ter um cargo, é contribuir para o crescimento de todos e da instituição.

A vida moderna é caracterizada pelo domínio da razão e da tecnologia sobre a natureza, mas a razão e a emoção caminham juntas e completam nossa maneira de ser. No trabalho, podemos encontrar indivíduos muito racionais e que apresentam algum tipo de dificuldade em expressar emoções nas suas relações. Outros podem ter mais dificuldade em lidar com as constantes transformações tecnológicas, que impõem inúmeras facilidades, mas quando se desconhece seu uso, mas que podem acabar gerando insegurança e **estresse** se o seu uso não for conhecido. Cabe ao pedagogo empresarial lidar com esses profissionais que podem atuar juntos, para superar, cada um a seu modo, seus problemas e desafios. No que se refere à aprendizagem, Vasconcelos e Mascarenhas (2007) afirmam que nas empresas é comum a ideia de aprendizagem organizacional, pois esta é um processo contínuo, que tem como característica a interação entre os indivíduos e os grupos de trabalho, presentes em sistemas sociais e tecnológicos integrados, capazes de viabilizar o desenvolvimento e a mudança na organização. Na perspectiva destes autores, a aprendizagem significa mudança **sistêmica**.

É importante que o profissional de recursos humanos crie ferramentas e treinamentos que permitam às pessoas expressar o que sentem e aprender com os outros, além de fazer uso das tecnologias em constante transformação, pois assim os trabalhadores se sentirão mais confiantes, receptivos e interessados em contribuir com os locais onde trabalham.

As tecnologias devem auxiliar o trabalho humano, não o substituindo como um todo. O avanço tecnológico se iniciou quando os humanos começaram a modificar a natureza em busca da sobrevivência. As primeiras ferramentas e utensílios foram criados pelos homens e são seus primeiros instrumentos tecnológicos. Hoje, possuímos computadores, smartphones e máquinas supermodernas porque compartilhamos, ao longo da história, o desenvolvimento de novas tecnologias. Ao dialogar e comentar estabelecemos relações e trocamos informações que contribuíram para auxiliar o desenvolvimento da humanidade e ampliar nosso tempo de vida na terra. Somos frutos de um processo histórico, social e político de transformação das relações, do trabalho e da aprendizagem, buscando construir caminhos e perspectivas na busca pela valorização do outro e da nossa história comum.

O ambiente profissional oferece inúmeros desafios, tais como diferentes pessoas, relações e uma infinidade de aparelhos tecnológicos. O pedagogo empresarial precisa conhecer como funcionam as ferramentas e máquinas com que seus colaboradores trabalham, para que possa melhor auxilia-los, em caso de dificuldade, já que

> "na organização, o conhecimento, os produtos e os serviços, a estratégia e a cultura da empresa são fruto da interação das várias pessoas que nela trabalham" (VASCONCELOS;MASCARENHAS, 2007).

Os novos colaboradores sempre trazem conhecimentos que podem contribuir para o desenvolvimento da empresa. Além disso, essas pessoas estão cheias de vontades e medos, já que o novo ambiente profissional possibilita o surgimento de novas dúvidas, além de novos colegas, chefes e valores. Cabe, então, ao pedagogo empresarial o papel de guiar e acompanhar, mostrando todos os lugares e ambientes de trabalho apresentando o novo empregado para seus colegas e estando aberto para auxilia-lo nessa nova jornada.

ATENÇÃO! Deve-se ter em mente que, ao pensar na aprendizagem como um fenômeno organizacional, devemos entendê-la como um processo que irá refletir em uma mudança de comportamento na organização. Isto se dá a partir da articulação constante entre os valores e as capacidades dos indivíduos, bem como suas experiências no contexto em que se está atuando.

A sociedade contemporânea apresenta inúmeros conflitos e desafios. Algumas referências e valores são imprescindíveis para superarmos os dilemas atuais. Ao valorizar o ser humano, as empresas e instituições buscam contribuir para o crescimento pessoal e coletivo da sociedade. O saber promove inúmeras transformações nos indivíduos que o recebem.

Atualmente, a nomenclatura vigente nas empresas e instituições refere-se aos seres humanos como capital humano. Capital deve ser compreendido como valor. Ao se referir aos seres humanos, como referência de valoração, podemos entender que as instituições estão utilizando os seus empregados como um valor monetário, que passa a valer mais se possuir determinado saber. A crítica e a atenção se fazem necessárias, pois possibilitam a discussão e ampliam a compreensão da sociedade contemporânea.

O trabalho é colocado como referência principal para a construção da sociedade. É necessário que a maioria das pessoas tenha um emprego e assim possa expressar seu potencial e auxiliar a construção da comunidade. Entretanto, o conhecimento precisa ser reconhecido como elevação individual, cultural, social, política e, acima de tudo, como um processo de humanização. Usado somente como referência para aumentar a lucratividade e o rendimento, além de se exigir sempre mais e mais dos trabalhadores, não se educa de fato, pois o saber assim compreendido, sem o elemento ético, não apresenta grandes benefícios aos que estão aprendendo.

O pedagogo empresarial precisa estar atento a estas questões. A compreensão dos elementos e referências levantados é significativa, pois só assim o seu trabalho será, de fato, de contribuição e de valorização do ser humano. O conhecimento crítico é fundamental para colocar em discussão quais são os valores e as crenças dos empregados e das empresas. Os questionamentos sobre determinados treinamentos e dinâmicas precisam ser feitos com toda a equipe, procurando sempre realizar um debate democrático, mas que seja pautado pelo respeito ético a todas as pessoas.

A sociedade contemporânea é fruto de uma construção histórica, onde a valorização do saber nunca foi tão forte. Por isso, questionar esse posicionamento é importante. Devemos procurar estabelecer regras que contemplem a todos. O aprendizado deve ser pensado para contribuir com os profissionais e auxiliar a vida de todas as pessoas.

2. Pedagogia empresarial e a importância da valorização humana na empresa

O pedagogo faz do ser humano instrumento central do seu trabalho. Ele deve auxiliar a cada um a adquirir saberes simbólicos, culturais, sociais, emocionais e políticos de maneira relevante e que contribua para a vida coletiva. Ao se tornar um profissional que aprimora o ser, sua preocupação perpassa a maneira como o saber é construído e transmitido pela sociedade ao longo da história, além de refletir sobre como educar de maneira crítica e ética. Para Hilario (2008, p.126)

> [...] conhecimento sempre foi sinônimo de poder, de tal forma que muitos produtores e nações têm o hábito de proteger seus principais conhecimentos, como maneira de conservar a supremacia.

O conhecimento é fruto das relações sociais e construído historicamente, procurando auxiliar o ser humano a viver melhor, consigo e em comunidade. Cada saber tem uma referência e precisa ser pensado e elaborado, levando em conta qual objetivo busca-se atingir, ou como pode contribuir para a plenitude da humanidade.

Mais importante e fundamental é entender que cada um reage de uma maneira e deve ser respeitado, mas existem saberes e valores que precisam ser trocados e valorizados, para que o bem comum seja edificado. Neste cenário, observamos, como já ressaltado anteriormente, que o conhecimento é cada vez mais utilizado como um recurso importante nas organizações, assim, é importante que existam pessoas preparadas para lidar com este contexto, no qual as transformações tecnológicas são constantes, demandando flexibilidade, criatividade e interação constante.

Ao elaborar atividades de aprendizagem, o pedagogo deve procurar valorizar os saberes que cada um já possui e utilizá-los para aprimorar o processo desenvolvido. O pedagogo que realiza seu trabalho nas empresas deve levar em conta o ser humano, seus valores e suas crenças, a maneira como se comporta, se comunica e se expõe.

A sociedade brasileira, após a **redemocratização** do país em 1985, criou novos marcos legais, procurando garantir direitos aos menos favorecidos e defender aqueles que sofrem discriminação em qualquer âmbito.

Além da **Constituição** Brasileira, um dos primeiros documentos redigidos foi "O **Estatuto** da Criança e do Adolescente", promulgado em 1989, que procura garantir o direito à vida digna e a não exploração das crianças e adolescentes no Brasil. Desde aquela época, outros documentos e leis foram sancionados, como o "Estatuto do Idoso" em 2003, o "Estatuto da Pessoa com Deficiência" em 2015 e a "Lei Maria da Penha" em 2006, que criminaliza com mais rigor a violência contra a mulher. Temos a discussão de projetos de lei que visam criminalizar a **homofobia**, assim como já foi feito com o racismo, que agora é crime.

PARA SABER MAIS! A fim de conhecer mais sobre este tema, vale a pena consultar o Projeto de Lei da Câmara, n°122 de 2006, disponível no link: http://www.senado.gov.br/atividade/materia/getPDF.asp?t=45607&tp=1, que tem como objetivo alterar a Lei n° 7.716 de 1989, para definir os crimes resultantes de preconceito de gênero, sexo, orientação sexual e identidade de gênero. Acesso em: 10 out 2015.

O pedagogo empresarial precisa ficar atento quanto ao respeito a todos os seus colegas de trabalho, já que existem pessoas que desrespeitam, maltratam e prejudicam o ambiente profissional. De acordo com Hilario (2008, p.128),"seja em pesquisa, desenvolvimento, na gerência da empresa ou em qualquer outro aspecto do negócio, a força ativa são pessoas. Elas têm vontade, mente e forma de pensar próprias", portanto, o pedagogo deve captar e suspeitar de mudanças repentinas de comportamento, aparentemente sem motivo, irritabilidade, desmotivação e falta de comprometimento, enfim, qualquer diferença que esteja prejudicando o profissional que antes era comprometido e valorizava a empresa.

Alguns atos de discriminação e **preconceito** são agora considerados crime, e o pedagogo empresarial precisa estar atento e auxiliar, caso ocorra alguma situação de humilhação e desrespeito de qualquer natureza na sua empresa. A ética e o respeito ao ser humano devem ser prioridades em qualquer ambiente.

Ninguém é igual a ninguém. Essa máxima é bastante usada quando se pretende utilizar argumentos, onde um não concorda com o outro, e pode ser usada para encerrar determinados assuntos em ambientes descontraídos e informais. No ambiente de trabalho, é fundamental tratar a todos com respeito e atenção, principalmente porque as relações no ambiente profissional são inúmeras e todos dividem o mesmo espaço.

A compaixão e a tolerância são primordiais para compreender como o outro é e se sente em diferentes situações. Cada um reage de um jeito e isso pode nos afastar ou aproximar, depende de como compreendemos quem somos e como reagimos aos comportamentos dos outros. Relacionar-se faz parte do ser humano. No ambiente profissional estamos em contato com pessoas que possuem crenças, costumes, valores diversos e até divergentes.

O saber que o pedagogo empresarial adquiriu durante a sua formação será essencial para equilibrar e direcionar intrigas e conflitos nas relações interpessoais que possam acontecer nas empresas. O conflito também constitui parte essencial nas relações, já que discordamos para marcar posição e por convicção, mas precisamos entender e valorizar a visão do outro. Todos podem opinar, sem ofender, humilhar e desprezar outrem. Mas é importante que o debate democrático consiga construir acordos, definir ideias e contribuir de alguma maneira para a melhoria daquele ambiente profissional. Um bom clima na empresa aumenta a autoestima e a produtividade da equipe. Para Almeida e Costa (2012), o pedagogo que atua no âmbito empresarial deve ter uma base teórica e prática, dando ênfase para os conhecimentos específicos do campo educacional nas organizações. Portanto, o mesmo deve promover a participação de todos, despertando uma nova visão do mercado de trabalho, além de identificar os problemas profissionais e socioculturais. O pedagogo empresarial necessita de muita observação para detectar o que está acontecendo dentro da empresa, ou seja, entendendo seu andamento e as situações que levam ao desequilíbrio.

Nesse sentido, o pedagogo que trabalha dentro das empresas deve estar atento às mudanças mais sutis no comportamento de seus colaboradores, por isso deve agir com companheirismo e buscando valorizar a todos, para que a instituição atinja os objetivos traçados.

É necessário destacar que o pedagogo empresarial precisa priorizar, no trabalho nas empresas, o empregado. Para que as instituições cresçam e alcancem seus objetivos, seus trabalhadores precisam se sentir valorizados.

Ao se voltar para o ser humano, o pedagogo deve estar atento às necessidades de todos. Os ambientes profissionais são muito diversos. A convivência entre pessoas de valores e perspectivas diferentes nem sempre é fácil, e é dever do pedagogo que trabalha nas empresas contribuir para o bom relacionamento interpessoal.

O pedagogo empresarial precisa estar preparado, também, para utilizar seus conhecimentos em momentos de crise. As crises surgem de momentos de incertezas e podem ser de origem interna ou externa. As crises econômicas são as que mais impactam as empresas, sejam de pequeno, médio ou grande porte.

As crises geram incertezas e apreensões nas pessoas e precisam ser debatidas com os funcionários. Nessas ocasiões, o pedagogo empresarial precisa dialogar com os gestores, sobre qual será a estratégia da empresa para enfrentar esse momento. Decisões sobre cortes de pessoal e controle financeiro precisam ser feitas.

São nos momentos de instabilidade que os funcionários precisam de mais atenção e carinho. Alguns podem estar estressados e desanimados, talvez porque seus parceiros podem estar enfrentando dificuldades no trabalho ou desemprego, e isso afeta toda rede de relações daquele indivíduo. Dialogar com esses profissionais é muito importante e, se for necessário, deve-se fazer um encaminhamento para tratamento psicológico. É preciso considerar que esses momentos são transitórios e devem ser tratados com sinceridade e humanidade, procurando compreender e auxiliar o outro.

É importante destacar que as crises econômicas são constantes e podem prejudicar as empresas. Nesse sentido, o pedagogo empresarial precisa se atentar à necessidade da gestão eficiente do negócio, para que as crises não prejudiquem o capital humano das empresas, afetando-as ainda mais.

Existem vários fatores que podem prejudicar o bom andamento do trabalho nas empresas. Um deles é a saúde dos trabalhadores. O acompanhamento da saúde, fazendo exames de rotina e check-ups anuais, é fundamental para avaliar se tudo vai bem. Caso algum colaborador seja atingido por alguma enfermidade, quanto antes for descoberta, melhor as chances de cura e recuperação. As doenças mais comuns nos ambientes de trabalho são as de cunho emocional ou as geradas por fatores emocionais, como estresse e **depressão**. Neste sentido, o pedagogo empresarial deve avaliar periodicamente esses profissionais, que precisam receber ajuda adequada para recuperar mais rapidamente sua qualidade de vida, voltando para o ambiente profissional com disposição e motivação. A depressão é uma doença e precisa ser tratada com acompanhamento especializado. É vista com desconfiança e subestimada por algumas pessoas, por isso, cabe aos profissionais que atuam na área de Recursos Humanos desconstruir esse olhar e auxiliar seus funcionários, caso seja necessário.

Outro fator que pode contribuir para diminuir a eficiência e o bom rendimento do funcionário são problemas na vida pessoal. Doenças na família, perdas de pessoas próximas, dificuldades no casamento ou com os filhos podem prejudicar o trabalho nas empresas. O pedagogo empresarial precisa dialogar com as pessoas que estão passando por isso, procurando auxiliá-las a melhor enfrentar o problema. É fundamental que a instituição tenha bom senso e ética, ao tratar as questões pessoais de seus colaboradores. Como já foi dito, cada um tem uma maneira de lidar com as situações, e com apoio e diálogo é possível superar esses desafios.

3. O pedagogo empresarial e a importância da dinâmica de grupo e treinamento nas organizações

A atuação do pedagogo empresarial, como já vimos, está relacionada com o treinamento, a valorização e a utilização de métodos de aprendizagem no ambiente empresarial. Contudo, para que ele possa desenvolver seu trabalho, é necessário que o mesmo tenha algumas possibilidades, dentre as quais destacamos os treinamentos e as dinâmicas de grupo.

O pedagogo empresarial, ao escolher utilizar a dinâmica de grupo, deve ter claro o seu objetivo, visto que esta irá possibilitar uma reflexão sobre as questões e situações cotidianas, sem que haja um desconforto por parte dos participantes. Assim, as técnicas de dinâmica de grupo devem ser usadas quando se busca atingir uma filosofia formativa, não só na escola, mas também na empresa.

As pessoas envolvidas neste processo devem estar dispostas a aceitar a inovação como resposta, bem como deve existir um ambiente propício que leve os participantes a conhecer outras pessoas. Além disso, a dinâmica possibilita uma oportunidade mais democrática de manifestação. Para que isso ocorra, no entanto, uma boa condução e planejamento dos objetivos da dinâmica é essencial.

De acordo com Almeida (2006), a dinâmica de grupo leva os indivíduos a participarem, terem responsabilidade e desenvolverem o espírito de inciativa, além de ser um veículo de **socialização**, por promover a convivência entre os participantes. Apesar de ser uma técnica positiva, alguns pontos devem ser ressaltados e levados em conta por quem deseja utilizar à dinâmica: nem todas as pessoas se sentem à vontade para participar de uma dinâmica de grupo, alguns sentimentos que são inoportunos para o ambiente podem aflorar, principalmente quando há a abordagem de sentimentos pessoais. Daí a importância de um planejamento, considerando o objetivo, o tema, a metodologia, o material, total de participantes, o tempo e o local.

O objetivo deverá ser pensado a partir da demanda natural ou do levantamento do diagnóstico, fatores que, por sua vez, levarão à escolha da dinâmica.

ATENÇÃO: há uma demanda natural, ou seja, as dinâmicas são elaboradas para desenvolver conteúdos específicos e o aprimoramento de determinadas atividades. Já no levantamento da necessidade e diagnóstico, é a partir da coleta de dados pela observação in loco que a escolha da dinâmica será feita, de maneira muito ponderada.

O tema também é muito importante na elaboração de uma dinâmica, pois representa aquilo que se busca desenvolver de forma objetiva. Assim, a existência de um tema bem estruturado demanda um estudo prévio, que possibilitará a delimitação do foco da atividade que será realizada.

Toda dinâmica compreende uma metodologia, contudo, quando o pedagogo responsável por aplica-la possui uma experiência com este tipo de trabalho é comum que o mesmo realize algumas alterações, para que se consiga atingir o objetivo proposto. Portanto, a experiência se constitui como um fator positivo, na medida em que possibilita a utilização de sua vivência nas atividades grupais. A realização de uma dinâmica, muitas vezes, gera a necessidade de materiais específicos, por isso mais uma vez ressaltamos a importância de um planejamento, pois é através dele que serão delineadas as necessidades de materiais permanentes, tais como cadeiras, por exemplo, e outros materiais necessários. (SILVA, 2009).

Estabelecer a quantidade de pessoas que participarão das dinâmicas também é importante, e tudo irá depender do enfoque que se quer trabalhar. Assim, se o intuito é diminuir a timidez de um grupo, deve-se ter um número reduzido de pessoas, pois do contrário a atividade não seria desenvolvida de forma positiva. O tempo, neste sentido, também é relevante e, para que se atinja a democratização e o bom proveito é significativo cronometrar as atividades e a distribuição do material, de modo que ninguém saia prejudicado. Além disso, o local onde a dinâmica será realizada deve ser escolhido com o devido cuidado, já que um local barulhento onde é necessário concentração ou um local com uma ventilação excessiva, se for preciso espalhar folhas no chão, prejudicará o andamento do trabalho (SILVA,

2009). Desse modo, para alcançar os objetivos desejados, é relevante a existência de um planejamento elaborado de forma criteriosa.

Daí a importância do pedagogo ter uma vasta experiência nesta área, pois além de definir com precisão os critérios e os objetivos da dinâmica, esta pode ser um fator de mobilização de conceitos e pareceres não só para quem conduz a atividade, mas também para os seus participantes, visto que muitas informações são expostas e acolhidas pelas duas partes.

Neste sentido, vale a pena ressaltar uma questão: revelar ou não o objetivo da dinâmica para seus participantes? Alguns profissionais preferem não dizer, pois alguns participantes podem manipular sua participação, bem como influenciar os outros. Há também aqueles condutores que não se sentem seguros quando sabem que os participantes tem o conhecimento dos aspectos que estão sendo avaliados ou aperfeiçoados. Mais uma vez a experiência contará como um fator positivo, ou seja, o condutor deve avaliar o comportamento do grupo que está sendo submetido à dinâmica, que não é um processo fechado. O que não pode faltar é a confiança, que não pode ser quebrada, o respeito mútuo e uma conduta extremamente profissional, consistente e bem planejada.

Depois de ressaltarmos as características da dinâmica de grupo e como estas devem ser pensadas e elaboradas, a fim de que se atinja o objetivo proposto, vale a pena abordarmos o treinamento, outra função desempenhada constantemente pelo pedagogo empresarial e que é de extrema importância dentro de uma organização. Apesar de ter algumas características bem parecidas com as da dinâmica, o treinamento é um recurso que possui um desenvolvimento mais especifico, sua ênfase está em promover a aprendizagem naquele que é treinado, observando o seu desempenho em todo o processo.

Segundo Chiavenato (2008), o treinamento constitui um dos processos de gestão de pessoas mais importante, é o núcleo de um esforço contínuo para melhorar as competências das pessoas, o que implica também num desempenho superior da organização. Pode-se dizer que a maioria dos treinamentos objetivam a atualização e o aperfeiçoamento dos seus funcionários.

ATENÇÃO: Não confunda treinamento com desenvolvimento de pessoas: o primeiro está relacionado a melhorar as habilidades do profissional no desempenho de suas atividades, enquanto o segundo tem a finalidade de atender os novos cargos que serão disponíveis da empresa, com novas possibilidades e capacidades a serem apreendidas pelo colaborador.

Ainda de acordo com Chiavenato (2008), o processo de treinamento é cíclico e contínuo, possuindo algumas etapas: diagnóstico, desenho, avaliação e implementação. O diagnóstico está relacionado às carências e necessidades de treinamentos, para o presente ou futuro na empresa; o desenho é a elaboração do programa de treinamento, com o intuito de atender as necessidades que foram diagnosticadas; a implementação é colocar em prática aquilo que foi elaborado, ou seja, a execução do programa, e, por fim, a avaliação é a verificação dos resultados que foram obtidos com os treinamentos. Note que estas etapas são importantes para que os treinamentos tenham realmente uma efetividade e supram as demandas da organização, mesmo que futuramente. Para ficar mais evidente, analise o quadro abaixo, sobre as etapas do treinamento.

Quadro 1 - Etapas do treinamento

Transmissão de Informações	Desenvolvimento de Habilidades	Desenvolvimento de atitudes	Desenvolvimento de conceitos
Aumentar o conhecimento das pessoas: Informações sobre a organização, seus produtos e serviços, políticas, diretrizes, regras, regulamentos e clientes.	Melhorar as habilidades e destrezas: Habilitar para a execução e operação de tarefas, manejo de equipamentos, máquinas e ferramentas.	Desenvolver e modificar comportamentos: Mudança de atitudes negativas para favoráveis de conscientização e sensibilidade com as pessoas, com clientes internos e externos.	Elevar o nível de abstração: desenvolver ideias e conceitos para ajudar as pessoas a pensar em termos globais e amplos.

As etapas de treinamento consistem no desenvolvimento do profissional em diferentes habilidades, como pode ser visto no quadro. Por meio dele, pode-se atingir os níveis de desempenho que uma organização visa alcançar, ou seja, o desenvolvimento contínuo das pessoas levará à melhoria da performance de organização em que elas trabalham. Em tempo de constantes mudanças, os treinamentos precisam trabalhar novas habilidades e competências, fato este que garantirá não só a sobrevivência, mas também a competitividade da organização neste cenário.

Além das etapas, descritas acima, o treinamento possui algumas técnicas que possibilitam a realização de seu planejamento de forma estruturada. De acordo com Chievanato (2008), são cinco fatores: leituras, instrução programada, treinamento em classe, computer-based training (CBT), e, finalmente, o e-learning.

A leitura é a forma como o instrutor apresenta verbalmente a informação a um grupo de ouvintes, e é uma das formas mais utilizadas para transmitir informação nestes tipos de programa. A instrução programada é a técnica utilizada para transmitir a informação em programas de treinamento, não dependendo da presença ou instrução de um humano. O treinamento em classe é realizado fora do local de trabalho, no qual os aprendizes estão reunidos com a presença de um professor responsável por transmitir os conteúdos do treinamento. O CBT possui o auxílio da tecnologia da informação e pode ser feito com o auxílio de multimídia, ou seja, gráfico, animação, áudio, vídeo, entre outros. E, por último, mas não menos importante, temos o e-learning, no qual a utilização da internet possibilita uma ampla variedade de soluções que aumenta não só o conhecimento, mas também o desempenho das pessoas. Vale a pena observar o quadro abaixo, com as tecnologias educacionais do treinamento.

Quadro 2 – Tecnologias educacionais do treinamento

<table>
<tr><td rowspan="7">Técnicas de Treinamento</td><td rowspan="3">Quanto ao uso</td><td>Orientadas para o conteúdo</td><td>Leitura, instrução programada, instrução assistida através do computador</td></tr>
<tr><td>Orientadas para o processo</td><td>Dramatização, treinamento da sensitividade, desenvolvimento do grupo</td></tr>
<tr><td>Mistas (conteúdo e processo)</td><td>Estudos de caso, jogos e simulações de várias técnicas on-the-job</td></tr>
<tr><td rowspan="2">Quanto ao tempo</td><td>Antes do ingresso na empresa</td><td>Programa de indução ou integração à empresa</td></tr>
<tr><td>Após o ingresso na empresa</td><td>Treinamento no local (em serviço) ou fora do local de trabalho (fora do serviço)</td></tr>
<tr><td rowspan="2">Quanto ao local</td><td>No local de trabalho</td><td>Treinamento em tarefas, rodízio de cargos, enriquecimento de cargos.</td></tr>
<tr><td>Fora do local de trabalho</td><td>Aulas, filmes, painéis, debates, simulações, jogos.</td></tr>
</table>

Para que o treinamento seja efetivo, é necessária não só a análise de todos os requisitos, mas todos os envolvidos neste processo devem ser consultados, garantindo, assim, a eficácia do que se pretende ao realizar um treinamento. Por isso, logo depois de sua realização, é importante fazer uma avaliação de todo o processo, já que a organização investiu dinheiro, esperando que haja um aumento na produtividade, mudanças de comportamento, melhoria no ambiente da organização, redução de custos e acidentes. Assim, é importante refletir qual o objetivo do treinamento e em que medida este objetivo foi alcançado. Não só o objetivo deve ser avaliado, mas também a reação dos participantes, o aprendizado dos mesmos, o seu desempenho, o resultado alcançado pela organização e o retorno do investimento, que é o valor que o treinamento agregou à organização.

Segundo Chievanato (2008), o aumento da eficácia dos resultados, da criatividade, inovação nos produtos e serviços oferecidos ao mercado podem ser alcançados através da realização dos treinamentos. A maioria das melhorias que se quer alcançar dentro de uma organização pode ser realizada através desta técnica, contudo, o pedagogo responsável pelo planejamento dos treinamentos deve ter uma vasta experiência na área, para buscar alcançar o maior proveito, revertendo em benefícios não só para a organização, mas também para os colaboradores, promovendo uma aprendizagem efetiva que não fique restrita somente ao ambiente empresarial.

O pedagogo empresarial deve ter a sensibilidade de trabalhar diferentes aspectos dentro de um treinamento, sentindo o grupo e as diversas possibilidades a serem alcançadas e não perder a dimensão de que este processo, além de propiciar o autodesenvolvimento do empregado, também possui um caráter de aprendizado.

Glossário – Unidade 4

Constituição – conjunto de leis, normas e regras de um país.

Depressão – doença que tem como sintomas uma tristeza profunda, desencanto, desesperança, culpa, e que atinge 350 milhões de pessoas no mundo.

Estatuto – regulamento ou código com significado e valor de lei.

Estresse – defesa natural que ajuda os seres humanos a sobreviver. Quando crônico, acarreta problemas em vários sistemas do organismo.

Homofobia – aversão irreprimível, medo e ódio que algumas pessoas ou grupos tem contra homossexuais, lésbicas, transexuais e bissexuais.

Humanização – ação ou efeito de tornar humano, ou mais humano.

Preconceito – opinião ou julgamento sem conhecimento. Atitude ignorante perante uma ideia ou ser humano.

Redemocratização – processo de restauração da democracia e do estado de direito após 21 anos de regime militar no Brasil.

Sistêmico – contínuo, regular.

Socialização – tornar social, reunir em sociedade, processo de integração dos indivíduos em um grupo.

Referências

ALMEIDA, L. I. S; COSTA, G. M. T. Pedagogia Empresarial: A importância da valorização humana na empresa. In: Revista de educação do IDEAU. Rio Grande do Sul/RS.Vol. 7, nº 15. Jan/Jun. 2012.

ALMEIDA, M.G. *Pedagogia empresarial*: saberes, práticas e referências. Rio de Janeiro: Brasport, 2006.

BRASIL. Lei n.9.394/96, de 20.12.1996. *Lei de diretrizes e bases para a educação dez. 1996.* Disponível em: http://portal.mec.gov.br/arquivos/pdf/ldb.pdf. Acesso em 18 jun.2015

________.Resolução n.1, 15.5.2006. Diário Oficial da União, n.92, seção 1, p.11-12, 16 maio 2006. Disponível em: http://portal.mec.gov.br/cne/arquivos/pdf/rcp01_06.pdf. Acesso em: 18 jun.2015.

CANABRAVA, T.; VIEIRA, O. F. A. *Treinamento e desenvolvimento para empresas que aprendem.* Brasília: SENAC, 2006.

CLARO, J. A. C. S.; TORRES, M. O. F. *Pedagogia Empresarial: A atuação dos profissionais da educação na gestão de pessoas.* Revista Contrapontos - Eletrônica, Vol. 12 - n. 2 - p. 207-216. Mai-Ago. 2012.

DAVENPORT, T.H.; PRUSAK, L. *Conhecimento empresarial*: como as organizações gerenciam seu capital intelectual. Rio de Janeiro: Campus, 1999.

DELUIZ, N. A globalização econômica e os desafios à formação profissional. Disponível em: <http://www.senac.br/INFORMATIVO/bts/222/boltec222b.htm> Acesso em: 27 jun. 2015.

EBOLI, M. A educação corporativa no Brasil: mitos e verdades. Apresentação para Conferência Internacional – Educação Corporativa Intraempreendedorismo e Inovação nas organizações. 2008.

________. *Educação Corporativa no Brasil: Mitos e Verdades.* São Paulo: Gente, 2004.

FLEURY, A.; FLEURY, M.T.L. *Aprendizagem e inovação organizacional*: as experiências de Japão, Coréia e Brasil. São Paulo: Atlas, 1995.

GRECO, M. G. *O pedagogo empresarial.* 2005. Disponível em: <http://www.pedagogiaemfoco.pro.br/pemp02.htm>. Acesso em 27.jun.2015.

GUEVARA, A.J.H.; DIB, V.C. Da sociedade da informação à sociedade do conhecimento. In: *Tecnologias emergentes*: organizações e educação. (orgs) Arnoldo José de Hoyos Guevara, Alessandro Marco Rosini. São Paulo: Cengage Learning, 2008.

HILARIO, G. L. Conhecimento nas organizações: um estudo de caso sobre a utilização da gestão de conhecimento em empresa de grande porte. In: *Tecnologias emergentes*: organizações e educação. (orgs) Arnoldo José de Hoyos Guevara, Alessandro Marco Rosini. São Paulo: Cengage Learning, 2008.

HILARIO, G.L. Conhecimento nas organizações: um estudo de caso sobre a utilização da gestão de conhecimento em empresa de grande porte. In: Tecnologias emergentes: organizações e educação. (orgs) Arnoldo José de Hoyos Guevara, Alessandro Marco Rosini. São Paulo: Cengage Learning, 2008.

JUNQUEIRA, E.S.V.; TAVARES, H.M. *Pedagogia empresarial: uma função técnica ou ideológica?* Revista Católica, Uberlândia, v.1, n.1, p.57-69, 2009.

KUENZER, A. Z. *Exclusão includente e inclusão excludente: a nova forma de dualidade estrutural que objetiva as novas relações entre educação e trabalho.* Paraná. Fev.de 2009. Disponível em: http://www.gestaoescolar.diaadia.pr.gov.br/arquivos/File/sem_pedagogica/fev_2009/exclusao_includente_acacia_kuenzer.pdf Acesso 02 jul. 2015.

LÉVY, P. *Cibercultura.* 2. ed. São Paulo: Editora 34, 2000

LOPES, I. *Pedagogia empresarial: formas e contextos de atuação.* 4. ed. Rio de Janeiro: Wak, 2011.

MAIA, C.S.R. Work-based learning – A Nova gecko do E-learning. In: *Tecnologias emergentes*: organizações e educação. (orgs) Arnoldo José de Hoyos Guevara, Alessandro Marco Rosini. São Paulo: Cengage Learning, 2008.

MEDEIROS, R.T.; RICARDO, R. P. C. *Pedagogia Empresarial: uma nova proposta para um novo tempo na educação.* 2011. 70f. Monografia (Graduação) Escola Superior Anisio Teixeira. 2011.

MEISTER, J.C. *Educação Corporativa.* São Paulo: Makron Books, 1999.

NADAI, F. C.; CALADO, L. R. Caracterizando Empresas Intensivas em Conhecimento. In: Tecnologias emergentes: organizações e educação. (orgs) Arnoldo José de Hoyos Guevara, Alessandro Marco Rosini. São Paulo: Cengage Learning, 2008.

NADAI, F.C.; CALADO, L.R.Caracterizando Empresas Intensivas em Conhecimento. In: *Tecnologias emergentes*: organizações e educação. (orgs) Arnoldo José de Hoyos Guevara, Alessandro Marco Rosini. São Paulo: Cengage Learning, 2008.

NONAKA, I; TAKEUCHI, H. *Criação do conhecimento na empresa.* Rio de Janeiro: Campus, 1997.

PEREIRA, D. Tecnologia e Subjetividade na Formulação de Estratégias Empresariais. In: *Tecnologias emergentes*: organizações e educação. (orgs) Arnoldo José de Hoyos Guevara, Alessandro Marco Rosini. São Paulo: Cengage Learning, 2008.

POTER, M. *Competitive strategy*. Nova York: Free Press, 1980.

PRADO, A. A.; SILVA, E. M.; CARDOSO, M. A. B. C. *A atuação do pedagogo na empresa: a aplicação eficiente e eficaz da Pedagogia Empresarial*. ECCOM, São Paulo, v.4, n.7, jan./jun. 2013.

QUIRINO, R. *Saberes do Pedagogo para a Prática Educativa nas Organizações Empresariais*. Belo Horizonte: Dissertação (Mestrado) Centro Federal de Educação Tecnológica de Minas Gerais - CEFET-MG,2005

RAMAL, A. C. *Pedagogo: a profissão do momento*. Rio de Janeiro: Gazeta Mercantil, 6 de março de 2002.

RIBEIRO, A. *Pedagogia Empresarial: Atuação do Pedagogo na Empresa*. 2. ed. Rio de Janeiro: Wak, 2003.

______. *O pedagogo empresarial e a coordenação de práticas pedagógicas docentes para formação continuada por competência dentro da empresa*. Linguagem Acadêmica, Batatais, v.3, n.1, p. 93-109 jan/jun. 2013.

SILVA, N.H.P.C. Pedagogia empresarial: uma nova perspectiva de trabalho. 2008. Monografia (graduação). Universidade do Estado do Rio de Janeiro. Faculdade de Formação de Professores. Rio de Janeiro, 2008.

SOUZA, L. L. Aprendizagem Organizacional. In: *Tecnologias emergentes*: organizações e educação. (orgs) Arnoldo José de Hoyos Guevara, Alessandro Marco Rosini. São Paulo: Cengage Learning, 2008.

VASCONCELOS, I. F. G; MASCARENHAS, A. O. In: Organizações em aprendizagem. São Paulo: Cengage Learning, 2007.

Juliana Marques de Carvalho

É doutoranda em Ciências Sociais pela Universidade Estadual Paulista (Unesp)-Júlio de Mesquita Filho, Faculdade de Ciências e Letras/Araraquara e mestre em Comunicação Midiática pela mesma instituição. Tem licenciatura em Ciência Sociais também pela Unesp e atua como professora titular de Educação Básica II, disciplina Sociologia, na rede estadual de São Paulo.

Carolina Modena da Silva

Graduada em Ciências Sociais pela Universidade Estadual Paulista (Unesp)-Júlio de Mesquita Filho, Faculdade de Ciências e Letras/Araraquara (SP), é mestra em Educação pelo Programa de Pós-Graduação da Universidade Federal de São Carlos/Sorocaba (SP) e pós-doutoranda em Educação em Direitos Humanos no Instituto Federal de São Paulo/Piracicaba (SP). É professora da rede estadual de São Paulo, ministrando disciplinas de Sociologia e Geografia.

Impresso por

META

www.metabrasil.com.br